★军事职业教育阅读指导丛书

周建彩　总主编

西方军事经典导读

邢广梅 ◎ 编著

朝华出版社
BLOSSOM PRESS

图书在版编目（CIP）数据

西方军事经典导读 / 邢广梅编著 . -- 北京：朝华出版社，2023.3（2023.10重印）
（军事职业教育阅读指导丛书 / 周建彩总主编）
ISBN 978-7-5054-4600-7

Ⅰ.①西… Ⅱ.①邢… Ⅲ.①军事科学—名著—阅读辅导—西方国家 Ⅳ.① Z835

中国版本图书馆 CIP 数据核字（2020）第 144842 号

西方军事经典导读

邢广梅　　编著

选题策划	张汉东
责任编辑	刘小磊
责任印制	陆竞赢　崔　航
装帧设计	杜　帅

出版发行	朝华出版社		
社　　址	北京市西城区百万庄大街 24 号	邮政编码	100037
出版合作	（010）68995532		
订购电话	（010）68996050　68996522		
传　　真	（010）88415258（发行部）		
联系版权	zhbq@cipg.org.cn		
网　　址	http：//zhcb.cipg.org.cn		
印　　刷	小森印刷（北京）有限公司		
经　　销	全国新华书店		
开　　本	710mm×1000mm　1/16	字　数	210 千字
印　　张	14.75		
版　　次	2023 年 3 月第 1 版　　2023 年 10 月第 2 次印刷		
装　　别	平		
书　　号	ISBN 978-7-5054-4600-7		
定　　价	50.00 元		

版权所有　翻印必究·印装有误　负责调换

《军事职业教育阅读指导丛书》编委会

主　　任　刘占峰　王德心
副 主 任　徐伟勤
委　　员　王艳军　潘孝敏　祝华远

总 顾 问　王余光
总 主 编　周建彩
副总主编　李　德　天　羽　卢　峰
编委会成员（按姓氏笔画排序）

　　　　　王　净　王晓燕　邢广梅　朱　鹏　伦　宏
　　　　　刘丽杰　吴　华　范　晨　周　璇　周雅琪
　　　　　郑中伟　耿瑞阳　曹　艳　敬　卿　谢永强
　　　　　谭燕妮　熊　静

总序

强军兴军,要在得人。推动军事人才现代化、培养堪当强军重任的人才,基础在教育,关键靠学习。纵观古今中外的战争史,有战斗力的常胜之师都是通过不断学习能始终站在军事科技发展前沿、保持旺盛创新能力、体现先进文化的军队。当前,新一轮科技革命和军事变革正在孕育兴起,战争形态和作战样式加速演变,只有重视学习、善于学习、不断学习,才能跟上时代发展步伐,锻造出一支威武之师、文明之师、胜利之师。开展军事职业教育,就是要通过构建官兵时时学、处处学、人人学、终身学的向学求知格局,引导官兵通过学习提升职业素养,涵养职业精神,塑造学习型军人,打造学习型军队,为强国强军提供强有力的人才支撑。

军事职业教育的内容很丰富、途径也很多,军事职业阅读在其中具有基础性地位。广泛的军事职业阅读可以充实官兵的知识储备,丰富官兵的知识结构,优化官兵的思维方式,提高军事职业素养和岗位任职能力,为提升领导力、战斗力奠定坚实基础。同时,广泛的军事职业阅读,还可以帮助官兵养成良好的阅读习惯,促进学习力、思想力和文化素养的提升。

世界强国军队都很重视军事职业阅读。美、俄、英等国军队早在二十多年前,就启动实施了职业阅读项目,官方针对形势变化和军事职业发展需求,定期编制发布推荐书目,引导军事人员依据推荐书目开展在岗学习、终身阅读。例如,美军的推荐阅读书目由最高军事机关统一规划、部署,各军兵种最高军事长官发布,供本系统的军事人员阅读。

2017年8月,中央军委印发《军事职业教育改革实施方案》,拉开了新时代中国特色军事职业教育的序幕。大力发展军事职业教育，是党的意志、时代的号角，也是强军的召唤、胜战的需要，更是实现党在新时代的强军目标、全面建成世界一流军队的战略性基础性长远性工程。当然，我军军事职业教育刚刚起步，军事职业阅读仍处于探索阶段。尤其是面对浩如烟海的文献，如何帮助官兵紧贴军事职业岗位需求，弄清楚要读什么、怎么读、如何高效能阅读，是深化军事职业教育的一个现实问题。基于此，我们组织编写了这套"军事职业教育阅读指导丛书"，希望在阅读内容和阅读方法上能为广大官兵的职业阅读提供一些借鉴和指导。

本丛书第一辑包含六本书。《中国文化经典导读》《中国军事经典导读》《西方军事经典导读》和《中外军事影视经典导读》是从内容上对各领域最有代表性的经典作品进行阅读介绍，旨在引导官兵通过经典阅读，增强军事文化自信和自觉，为全面提升整体军事文化素养和职业素养打下良好基础；《军队院校图书馆阅读推广》《军校阅读推广平台体系建设》主要探讨军校图书馆如何科学有效地推进阅读、营造良好的阅读氛围，同时也对官兵个人阅读提供具体的技术指导。

出版这套丛书是我们在推进军事职业阅读方面的初步尝试，受能力水平所限，错误疏漏难免，恳请读者批评指正。

刘占峰

2021 年 1 月

前言

为了使从事或爱好军事的读者,面对浩如烟海的外国军事书籍,能够在较短时间内了解、掌握西方军事经典的精髓,提升军人综合能力素养,笔者编写了本书,期望读者借助本书能够顺利找到、快速查阅和准确理解书中提到的西方军事经典著作。在此,简单介绍一下本书的特色,以便读者能够更方便地阅读。

一、以时间为脉络,介绍了古代、近代、现代西方军事经典。其中,古代的包括古希腊、古罗马以及中世纪时期的军事经典。近代的包括资产阶级早期革命阶段直至第二次世界大战结束前的军事经典。现代的包括核垄断时期、核均衡时期、空间军事技术大发展时期的军事经典。现代的阶段中的冷战结束后直至今天的时期,逐步形成了以信息化为核心的战争特点,也涌现出诸多围绕信息化战争展开论述的著作,但由于这一时期的著作问世时间短,难以确定其经典地位,本书没有将其放在经典书目中介绍。鉴于科学技术对促进新军事变革的重要作用以及军队改革后联合作战在军队备战打仗中地位的提升,本书就把反映当代新军事变革和联合作战的部分重要著作作为附加部分,单独介绍,使读者能在把握历史经典、夯实军事理论基础的同时,立足当下、着眼未来,了解当代重要军事理论著作和学说,达到学为今用的目的。

二、以理论为铺垫,介绍了西方军事经典依托的军事学九个门类学科的基础知识。军事经典著作诞生于不同的历史时期,内容涉及军事历史、军事战略、军事管理和军事后勤等诸多方面,读者阅读这些著作可以加深对军事现象与本质规律的理解和把握,而事先系统了解军事理论知识框架体系,有助于高效且有针对性地理解军事所展现的内容,及其所蕴含的学术、实践价值。这九个军事学门类学科分别为军事思想及军事历史、战略学、战役学、战术学、军事指挥学、军事管理学、军事后勤学、军事装备学和军事训练学。本书对这九个门类学科中的每一个学科的基本概念、内容体系、学科发展趋势以及与西方军事经典的关系做了介绍,使读者掌握军事学基本学科门类知识的同时,了解西方军事经典对军事门类学科发展的贡献和影响。

三、以军事思想概述为引领,介绍西方军事经典所处时期的总体情况。西方军事经典的问世有其深刻的政治、经济、科技、文化等历史背景,以及相应的社会基础和战争实践。譬如,古罗马和古希腊的军事经典既是军事巨著,也是历史巨著,是军事和历史著述的融合。古希腊和古罗马从奴隶制社会向帝国制社会转化的过程中,经历了上百年漫长的战争,作者们在记述百年战争经过、发表对战争观等基本军事问题的看法时,离不开对历史背景的描述,这就促成了历史与军事著作的融合。近代以来,火器、机关枪、迫击炮、作战飞机、潜水艇以及坦克等武器装备的发明,引申出"机动战""速决战"以及"海权论"等思想,诞生了马汉的《海权对历史的影响(1660—1783年)》等著作。鉴于西方军事经典是军事思想的集中体现、军事思想的诞生离不开所处时代环境和社会基础,本书在介绍具体的西方军事经典前,都会对著述产生的时代背景、战争实践以及军事思想等进行介绍。

四、以时代特色为基础、以同类书籍为参考,选取具有时代特色、重合度高的军事经典纳入书目。第一,每一时期的军事理论都会有其所处时代的特征,如古代是历史和军事著述的融合,代表作有恺撒的《高卢战记》《内战记》等。近代是新作战样式、新作战理论的诞生,代表作有马汉的《海权对历史的影响(1660—1783年)》、杜黑的《制空权》等。现代是核技术和航天技术等运用于军事领域,代表作有布罗迪的《绝对武器》、格雷厄姆的《高边疆——新的国家战略》等。基于此,本书参考时代特征选取其具有代表性的著书。第二,根据学界共识选取著述。参考其他介绍西方军事经典的文献目录,对这些目录提到的书名进行统计排序,按照重合度从高到低的原则选取前二十本,以保证本著述所选书目清单是学界对西方军事经典的共识。第三，根据学术价值和历史贡献选取。本书选取的著述之所以称得上是经典，是因为它们或者在军事理论或军事历史史实方面有新见解、新发现，或者在某学科、某研究领域、某历史时期有一定代表性，或者在较大范围内有一定影响力，或者对研究历史、指导现实，以及预测未来有较重要参考价值等。

五、以古为今用为宗旨，介绍西方军事经典著作的精髓内容。本书以导读的方式介绍了每一部西方军事经典著作的作者的生平、内容、后世影响、时代局限和对今天的启示，为读者深入地学习军事思想铺路。这些内容既记述了西方军事经典作者们作为军事家的传奇戎马生涯，又记述了他们军事思想产生、形成和发展的历程。既展示了他们独特的著作及丰硕的理论成果，又论及了他们各自军事理论的特色。既体现了他们求学、治学的态度及方法，又指出他们的立场及时代局限性。既记述了他们的论著出版及版本情况，又记述了他们著述的多重影响及其各国官方和学界的研究与评价情况等。

六、以全面系统为原则，注意收录的广泛性和系统性。为使读者全面地了解百余年来产生的军事科学理论成果，本书的收录从范围上尽量做到突出重点的同时，兼顾各个国家、各个历史时期、各个学科以及各个方面有代表性的人物著作，力争做到收录广泛而系统。既有对军事理论、军事实践产生过重大和深远影响的军事经典，也有并不常见的，但其理论价值、文献价值和借鉴意义不容忽视的军事经典。

本书在编撰过程中，得到了诸多方面的帮助，在此表示衷心的感谢。"军事职业教育阅读指导丛书"总主编刘占峰先生和周建彩女士就本书书目的选择和写作提纲给予了指导和把关，并在完稿之后进行了整体审读；上海的熊静女士在编写体例等方面给予了技术性指导；北京的吴华先生对本书的收录范围和编撰体例提出了宝贵意见，并主动无偿地提供了多种参考资料；北京的肖慧鑫博士帮助完成了部分资料收集与整理工作；"军事职业教育阅读指导丛书"编辑团队给予了大力指导，尤其对本书的编撰方案和条目释文提出了具体修改意见，使我们受益匪浅。本书编写过程中，参阅了大量资料，已附在书后，在此一并向作者们表示真挚的感谢。

由于所收经典的作者们所处的国家、社会地位、历史条件和世界观的局限，有些著作中不可避免地存在认识上的偏差或理论上的失误，甚至是立场上的问题，希望读者阅读时加以分析鉴别。囿于学识，在书目选择和内容的撰写方面，难免挂一漏万。不足之处，敬请各界朋友批评指正。衷心希望本书能引起读者的阅读兴趣，并就相关问题展开讨论，让西方军事经典为我军建设发展服务。

目录

第一讲　西方军事经典概论 / 1

　　第一节　什么是西方军事经典 / 1

　　第二节　为什么要读西方军事经典 / 4

　　第三节　西方军事经典发展脉络 / 8

第二讲　军事学及西方军事经典 / 13

　　第一节　军事思想及军事历史与西方军事经典 / 14

　　第二节　战略学与西方军事经典 / 19

　　第三节　战役学与西方军事经典 / 24

　　第四节　战术学与西方军事经典 / 29

　　第五节　军队指挥学与西方军事经典 / 32

　　第六节　军事管理学与西方军事经典 / 36

　　第七节　军事后勤学与西方军事经典 / 39

　　第八节　军事装备学与西方军事经典 / 44

　　第九节　军事训练学与西方军事经典 / 48

第三讲　古代西方军事经典导读 / 53

　　第一节　古代西方军事思想概述 / 53

　　第二节　《内战记》《高卢战记》：古罗马战争实践的总结 / 58

　　第三节　《谋略》：运用战例阐发军事思想的典范 / 64

　　第四节　《兵法简述》：古代西方杰出的军事理论著作 / 67

　　第五节　《战略》：东罗马战术理论的巅峰之作 / 72

第四讲　近代西方军事经典导读——形成时期 / 77

第一节　近代西方军事思想概述 / 77

第二节　《制胜的科学》：18 世纪使俄军强大的战术训练细则 / 85

第三节　《理论后勤学》：西方最早研究军队后勤理论的专著 / 90

第四节　《战争论》：资产阶级军事理论的奠基之作 / 93

第五节　《战争艺术概论》：19 世纪最伟大的军事教科书 / 104

第五讲　近代西方军事经典导读——发展时期 / 111

第一节　近代发展时期的西方军事思想 / 111

第二节　《海权对历史的影响（1660—1783 年）》："海权论"的奠基之作 / 113

第三节　《作战原则》：指导法军作战的军事著作 / 122

第四节　《装甲战》：机械化战争的"圣经" / 127

第五节　《总体战》：纳粹德国侵略扩张的理论基础 / 131

第六节　《制空权》：专门论述空军战略理论的著作 / 137

第七节　《战略论》："间接路线"战略理论的奠基之作 / 142

第六讲　现代西方军事经典导读——冷战时期 / 147

第一节　冷战时期西方军事思想概述 / 147

第二节　《绝对武器》：最早的核武器军事专著 / 151

第三节　《音调不定的号角》："灵活反应战略"的奠基之作 / 156

第四节　《大战略》：对美国军事战略产生深远影响的著作 / 160

第五节　《高边疆——新的国家战略》：美国太空战略的理论基础 / 165

第七讲　现代西方军事代表作导读——冷战后时期 / 169

第一节　冷战后西方军事思想发展的背景 / 169

第二节　冷战后西方军事思想的主要内容 / 171

第三节　冷战后西方军事思想的代表作（上）/ 173

第四节　冷战后西方军事思想的代表作（中）/ 178

第五节　冷战后西方军事思想的代表著作（下）/ 184

第六节　冷战后西方军事著作的发展趋势 / 189

参考资料 / 191

附录 / 197

附件一　《中外著名兵书入门》所列外国部分书目 / 197

附件二　《外国重要军事著作导读》所列书目 / 200

附件三　《世界军事宝典：军事理论卷（上）》所列书目 / 206

附件四　《20 世纪以来中外军事著作要览》所列外国部分书目 / 207

附件五　《军事文化名著导读》所列军事理论外国部分书目 / 216

附件六　《军事理论普及读本》所列书目 / 217

附件七　《兵书精要：军事实践的理性升华》所列书目 / 218

附件八　《军事名著知道点儿》所列书目 / 219

附件九　西方军事经典著作各版本数不完全统计表 / 220

第一讲

西方军事经典概论

阅读西方军事经典，首先要弄清楚什么是西方军事经典，为什么要读西方军事经典，以及历史上西方军事经典发展的脉络和线索是什么，本讲围绕着这三个问题展开论述。

第一节 什么是西方军事经典

什么是西方军事经典？让我们先来看看"经典""军事""西方"这三个词在本书中的含义。

一、何为经典

无论是坐在图书馆那宽敞明亮的阅览室里，还是半卧在温馨舒适的居室里，手捧一本经典之作，以出世的心境，慢节奏地品味书中的历史积淀与智慧，在浮躁而熙攘的世界里享有一份宁静，是怎样的一种精神奢华享受！今天我们阅读经典，不仅是为了获取知识、传承和发展历史文化，更是在寻求自我完善的最佳路径，由此"何为经典"就成为一个问题。"什么是经典"并没有定论，我们常说的经典，是指那些具有重要影响的经久不衰的著作，其内容或被大众普遍接受，或在某些专业领域具有典范性与权威性。一般而言，经典著作具有三个特性：一是影响力，经典之作可以成为一个时期事物发展的关节点或转折点。二是时间性，经典之作经得起时间检验，其影响力经久不衰。三是广泛性，经典是大家普遍接受的作品，其所讨论的问题也是人们普遍关心的。

二、何为军事经典

一提起"军事"，人们可能首先想到的是炮火轰鸣、沙场征战。其实，一切与战争、国防和军队直接相关的事项都是军事，包括准备战争、实施战争、遏制战争，以及国防和军队建设等。人类大多处于两种状态之中：一种是战争状态，一种是相对和平状态。两者交替出现，处于战争状态时，军事以赢得战争为主要目的，以战争活动为主要内容；处于相对和平状态时，军事以准备战争和遏制战争为主要目的，以国防活动为主要内容。

军事有三大要素：战争与战争指导、国防与军队建设、国际军事安全与合作。

第一，战争与战争指导。所谓战争是指国家或政治集团之间为了一定的政治、经济等目的，使用武装力量进行的大规模激烈交战的军事斗争，是解决国家、政治集团、阶级、民族，以及宗教之间矛盾冲突的最高形式。战争指导是对战争全局的总体谋划和组织指挥，包括对战争形势的判断、战略行动的决策、战略手段的运用，以及对战略各阶段、各方面问题的协调运筹等。

第二，国防与军队建设。所谓国防，是指国家为防备和抵抗侵略，制止武装颠覆，保卫国家的主权、统一、领土完整和安全，所进行的军事及与军事有关的政治、经济、外交、科技、文化、教育等方面的活动，是国家生存与发展的安全保障。国防建设是指国家为构建和完善国防体系，提高国防能力而进行的一系列活动的统称，包括武装力量建设，边防、海防、空防、人防及战场建设，国防科技与国防工业建设，国防动员建设，国防法规建设，国防教育，以及与国防相关的交通运输、信息通信、医疗卫生、能源、水利、气象、航天等方面的建设。所谓军队，也称军事力量，是指国家或政治集团拥有的用于遂行军事任务的各种组织、人员以及武器装备等的统称，由作战力量和保障力量等组成。通常包括陆军、海军、空军等军种，还可能包括特种部队、战略导弹部队、太空部队和电子战部队等。所谓军队建设是指为构建和完善作战力量体系和保障力量体系，提高部队战斗力而进行的活动。

第三，国际军事安全与合作。所谓国际军事安全与合作是国家、国家集团和国际组织之间为安全目的在军事安全领域进行的和平行动与交流协作，主要包括国际军事安全、国际军事合作、国际军备控制与裁军等内容。

军事的核心问题是战争与战争指导，国防和军队建设均围绕着预防、遏制和打赢战争而进行，意在维护国家主权、安全和领土不受侵犯。同时，作为和平的保障手段，国际军事安全与合作也是军事的重要组成部分。

综上，军事经典就是从古至今论述战争、国防与军队建设、国际军事安全与合作等相关事项的、有持续而广泛影响力的军事名著。其中，围绕着预防、遏制和打赢战争展开论述的名著是军事经典的主体。

三、何为西方军事经典

那么，什么是"西方"呢？西方即西方国家，是"东西方国家"这一说法中的一方。通常人们对"东西方国家"的划分标准主要有地理位置和意识形态两种。按照地理位置划分，欧洲、美洲等位于西半球的国家称为西方国家，包括西欧、东欧的国家，以及俄罗斯等，但不包括日本；按照意识形态划分，西方主要指二战后以美国为首的欧美资本主义国家，包括欧洲（东欧除外）、美洲的国家，及澳大利亚、新西兰、日本等。这些国家多信奉基督教，实行民主制政治，意识形态基本一致。当今社会提到的 G7，即美国、英国、法国、德国、意大利、加拿大和日本七国首脑经济会议，称为"西方七国首脑会议"。

上述提到的西方国家千年形成的文化，源于古希腊、罗马和希伯来文化，是西欧、北美人民长期历史活动的产物，它起源、发展、成熟于欧洲，20 世纪扩展到南北美洲、大洋洲等广大地区，并影响了全世界。由 14 世纪的欧洲文艺复兴运动、16 世纪的宗教改革、17 世纪的科学革命和 18 世纪的思想启蒙运动发展而来，直到18世纪末，西方文化日趋完善成熟。20世纪50年代到60年代，随着第三次技术革命的兴起，一些西方国家开始进入后工业社会时期，西方文化由此经历了从现代主义到后现代主义的演变。

考虑到本书旨在介绍每个时代经典的军事著述，只采纳衡量西方的两个标准中的任意一个，都有可能错失历史上有影响力的著作。因此，本书决定以意识形态为主，兼顾地理位置标准选取国家。本书的"西方军事经典"是指以西方意识形态为主流，兼顾地理位置的西方国家中，从古至今论述战争、国防与军队建设相关事项的、有持续而广泛影响力的军事名著。以此为标准，对待俄罗斯历史上的军事名著采取了以下的处理方式：苏联十月革命胜利以前的纳入本书的视野范围，苏联时期的名著不纳入。因为，从地域上讲，俄罗斯属于欧洲国家，但是，十月革命胜利以后直到苏联解体前，苏联都属于与西方相对立的东方阵营。以此为标准，本书选择了1806年俄国苏沃洛夫撰写出版的《制胜的科学》，没有选择苏联沙波什尼科夫于1927—1929年先后撰写出版的三卷本《军队大脑》等。

第二节　为什么要读西方军事经典

在信息和知识爆炸的今天，我们有许多事情要做，许多信息和知识要获取。随着科技的发展，当今社会为我们提供了许多可供选择的获取知识的手段。为什么在这里我们还要强调选择阅读的方式，聚焦西方军事经典呢？

一、网络时代碎片化的"浅阅读"迟滞了读者的智力发展

人的智慧的产生源于如下路径：知识—知识体系—认知及实践运用—智慧的产生。其中，构建知识体系最为重要。网络时代，人们刷屏成瘾，这种碎片化的"浅阅读"使读者难以构架起一个学科的知识框架，影响读者记忆和能力的生成，迟滞读者的智力发展。

首先，碎片化的"浅阅读"难以形成知识体系。由于现代社会节奏快，所涉事务多，工作、娱乐、交往头绪多，人们没有大块时间静下心来读大段文字。读整本书的机会被读豆腐块式的文字所取代，谓之网络快餐式、随意性阅读。加之获取知识的手段也更加多元，有了音频，人们不愿看文字；有了视频，人们不愿听音频。在获取信息的手段选择上，大家变得越来越懒惰。当前，人们获取信息的最便捷的手段就是通过手机看微信或刷抖音视频，谓之碎片化的"浅阅读"。通过这些方式，我们获取的是一个个零散信息，不能构建起可以形成有效记忆的知识体系。

其次，有限的闲暇时间被大量的无效信息所占据。微信、微博等应用以及由此带来的信息泛滥，使人们空耗为之不多的休闲时间，投入到无效的信息中去，出现了刷屏上瘾不能自拔的现象。常有人抱怨，每晚睡觉前刷抖音，一不留神就是两三小时，天天如此，不知道看了什么，满足了当下的快感，却耗费了大量宝贵时间。

再次，"浅阅读"迟滞了读者的智力发展。上述杂乱无章、良莠不齐的网络信息，使用耸人听闻的标题吸引读者注意力，看过之后常常不过是一些故事甚至是奇谈，这些碎片化的信息垃圾对以往知识体系也造成了冲击和干扰，损害了读者靠传统书本阅读构建的知识框架、锤炼的逻辑思维和养成的独立思考的能力，造成人们阅读理性的懈怠、判断能力的降级以及思维能力的衰退。

二、经典阅读使阅读变得有益而高效

经典阅读因其聚焦事物本质与规律而使阅读变得有益而高效。一个爱好军事或从事军事相关工作的人，都希望对军事基础有透彻的了解和把握，这是抢占军事科学制高点的必然要求。但是，基于自身经历、阅历和资历的局限性，大家不可能处处通过直接经验获取知识，必然要借助他人的间接经验提升自己。纵览西方军事思想史，西方军事著作浩如烟海，面对这些难以数计的军事读物，要从中获取养分，确实不易。有限的阅读时间不允许人们畅游书海，

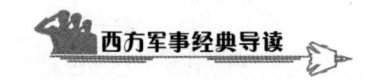

我们迫切需要一本书提供阅读指导，用较少的时间获取更多有效的军事知识。这时候最好的办法就是寻找一本军事经典导读，引导自己系统阅读值得一读的书籍。这些军事经典可以为你提供规律性的认知，是千百年来经过数代人共同认可的军事领域某一方面的精华。一书在手，在最经济的时间里，为你增添一道浓缩的最具营养价值的经典阅读大餐，让你在短时间里得到一条纵贯西方军事思想发展脉络的蹊径。

三、经典阅读是有志之士修身齐家治国平天下的必由之路

中国传统文化中读书的价值主要体现在如下方面：一是学而优则仕。认为读书是提升自我、获得人生成就的途径，认为"书中自有黄金屋，书中自有颜如玉"。二是读书不仅是生存发展之需要，也是一种生活方式。所谓"可无衣、可无食，不可以无书"。阅读经典书籍是有品位、求境界人士的生活理念与方式。三是读书体现了积极进取的人生态度。中国古代悬梁刺股、凿壁偷光的勤奋苦读故事，激励万千读书人发愤图强、积极进取。四是经典是力量的象征。唐代魏徵在《隋书经籍志·序》中对经典的力量做了形象的概括，他认为经籍是圣贤智慧的结晶，可以用来领悟宇宙的奥妙，探究天地、阴阳的消息，端正世间的纲纪，弘扬人类的道德。经籍显则可救济世人，经籍藏则可独善其身。五是阅读经典是每个人的教养。阅读经典的价值核心不在实用，而在文化，它可以成为每个人教养的一部分。经典阅读可以使你从碎片化阅读的网络沉沦和迷失中走出来，找回时间，找回自我的世界，通过构建知识体系，形成自我大智慧。六是阅读经典有助于治国平天下。经典阅读可以帮助有志之士从重要历史人物撰写的具有重要历史影响的著作中，获得启示，帮助读者在自身岗位上建功立业。

四、阅读军事经典是提升自身军事素质的重要途径

专业类书籍是专业人士生存的根基。古今中外没有哪个军事家是不看军事经典的，军事著作对军人而言有很重要的参考价值。一是阅读经典可以使我

们紧跟军事发展的步伐,不断更新知识体系。二是阅读经典可以使我们满足岗位任职需求,提升岗位认知能力。三是探求掌握西方军事经典中的精辟论述,有助于启迪思想,提高我们的军事理论思维能力。四是阅读经典可以使我们变得深沉而非浮躁、清醒而非昏聩、深刻而非肤浅,可以砥砺我们的军人意志、提升我们的军人品格。阅读是锻铸生命质量的重要一环,阅读的广度改变生命历程的长短,阅读的深度决定思想境界的高度。五是学习西方军事经典,可以使我们把握军事领域的特点和规律,提高作为现代军人必备的军事理论素养,提升抢占军事科学制高点的能力。

五、阅读军事经典是培养改革创新意识和素养的捷径

军事理论创新历来是军队建设创新发展的前提和必要条件。一支军队要想成为精锐之师,一刻也离不开军事理论的创新。世界军事发展历史证明,先进的军事理论是锻造军事创新能力的前提,对军事实践具有巨大的牵引作用。马汉的《海权对历史的影响(1660—1783年)》催生了现代海军,杜黑的《制空权》催生了独立空军,富勒的《装甲战》开启了机械化战争的大门,格雷厄姆的《高边疆——新的国家战略》使人类向太空进发。

战争是最具创新品质的人类活动,每一场战争都不是前一场战争的翻版。军事理论在现代战争中扮演着"设计师"的角色,战争的胜负越来越依赖于军事理论的超前设计和创新发展。有什么理论打什么仗,以理论创新牵引实践创新,以理论先行谋求未来竞争优势,已成为世界军事发展的趋势。从这个意义上说,谁拥有卓越的军事理论创新能力,谁就能把握住军事发展的主动权。目前我军正处在深刻的变革之中,这是一项涉及全局的系统工程,而且需要先进理论做指导和牵引,以推进国防和军队的全面建设。我们在阅读西方军事经典的基础上,着眼于军队转型建设和打赢未来信息化条件下局部战争的需要,认真思考和研究在军事实践中遇到的各种新问题、新情况,可为国防和军队事业的建设和发展做出积极贡献。

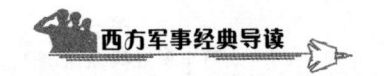

第三节 西方军事经典发展脉络

西方军事经典是其军事思想的主要物质载体和表现形式，是沉淀了人类军事思想、愿望和意志的物质产品和精神产品，集中反映了人类关于战争准备与实施、国防和军队建设等问题的理性认识。随着人类社会生产力的发展、科学文化水平的提高以及战争形态的演变，西方军事经典经历了从古代、近代到现代的不同发展阶段，记载了人类对军事由浅入深、由分散至系统的认知过程。

一、古代西方军事经典

古代社会科技水平相对低下，战争形态相对稳定，作战样式和手段比较单一，加上其他因素的制约，军事经典研究的内容、形式和手段较为单一，数量也相对有限。早期的军事经典多以记述战争史实为主。其后，随着社会生产力和生产关系的发展，战争形态不断变化，人们对战争的认识也不断深化，涌现出更多的军事经典。西方最早的军事经典源自古希腊和古罗马。如古希腊《荷马史诗》中记载了特洛伊战争的详细过程。古希腊军事理论家色诺芬撰写的《希腊史》《骑兵长官》《马术》，描述了有关军队和战争艺术等问题，譬如"军队的力量在于指挥官和纪律，战争的胜利在于克敌制胜的决心"等。古罗马统帅、政治家恺撒撰写的《高卢战记》和《内战记》分别记述了恺撒征服高卢和内战时期的军事政治活动。此外，还有希罗多德的《历史》、修昔底德的《伯罗奔尼撒战争史》等。

上述著述基本反映了古代欧洲国家对军事事务的基本看法，主要观点包括：为赢得战争胜利，必须政治、外交手段和军事打击并用。用兵之道，计谋胜于刀枪。军队的力量在于指挥官和纪律，没有优秀的指挥官将一事无成。统帅的艺术在于根据战场情况灵活采取行动。战争艺术的基本原则是避免分散兵力，作战指挥的要旨在于选择时机、迅速行动和击敌要害。正确编组战斗队形是取得战斗胜利的前提之一，应考虑参战兵力和地形条件等进行编组等。

公元1世纪时，军事经典的理论色彩比以前更为浓厚，理论水平进一步提高，如古罗马弗龙蒂努斯的《谋略》以及后来韦格蒂乌斯的《兵法简述》（又名《论军事》）等，都是比较典型的代表。中世纪时，军事理论、思想和其他学术一样处于停滞状态，军事著作数量很少。代表作有拜占庭帝国莫里斯的《战略》和里欧的《战术》等，主要论述了战术问题。

二、近代西方军事经典

近代西方军事经典随着近代军事的发展而发展。其总体特征是：欧洲一些国家在文艺复兴运动和产业革命的推动下，率先实行军事变革，军事理论发生革命性变化，代表资产阶级军事理论思想载体的军事经典著作迅速发展。

14~16世纪欧洲文艺复兴运动打破了封建制度和宗教神学的禁锢，极大地推动了社会思想的进步，也为军事经典大发展做了充分的思想准备。这一时期意大利人马基雅维利写下了《君主论》《论战争艺术》等包含军事内容的著作，被认为是近代军事理论的先驱之一。17世纪起，随着资产阶级革命的兴起和社会生产力、科学技术的发展，战争和国防建设从形式到内容均发生了根本变化，所诞生的西方军事经典反映了这一时期军事科技的发展轨迹，代表着世界近代军事理论成果的总体水平。代表作有俄国苏沃洛夫的《制胜的科学》、普鲁士腓特烈大帝的《战争原理》、美国索普的《理论后勤学》、普鲁士克劳塞维茨的《战争论》、瑞士若米尼的《战争艺术概论》等。其中，19世纪30年代相继出版的克劳塞维茨的《战争论》和若米尼的《战争艺术概论》被公认为资产阶级军事理论的奠基之作，受到世界各国军界的推崇。此后，以建立思想体系、阐明战争性质为宗旨的总论性著作逐渐减少，注重分支研究的军事著作大量涌现。

第一次世界大战以后，突飞猛进的科学技术应用于军事领域，从根本上改变了战争的面貌和形态。伴随着飞机、坦克、航空母舰、导弹、潜艇等机械化兵器大量装备军队，化学武器、核武器等大规模杀伤性武器相继问世，战争手段越来越先进，破坏力也越来越大。战争的物理形态从平面扩展为立体，技术形态从火器扩展为机械化，指导战争的军事经典也不断推陈出新，出现带有明显的"技术决定"倾向的经典著作。代表作包括：美国马汉的《海权对历史的影响（1660—1783年）》，是资产阶级"海权论"的奠基之作，曾直接推动了19世纪与20世纪之交的世界海军的军备竞赛；法国福熙的《作战原则》，对西方军事思想的发展影响深远；英国麦金哲的《历史的地理枢纽》，是西方地缘政治学的奠基之作；曾任德国总参谋长的施利芬的《坎尼战》，是"速决战""歼灭战"理论的代表作；意大利杜黑的《制空权》，是资产阶级"制空权论"的奠基之作，曾对两次世界大战的各国的空军建设及发展有过重要影响；美国米切尔的《空中国防论》，也是"空中战争论"的代表作；英国富勒的《装甲战》，是资产阶级"机械化战争论"的代表作；英国利德尔·哈特的《战略论》，是近代资产阶级最重要的战略著作，其提出的"间接路线"理论对世人产生很大影响；德国鲁登道夫的《总体战》，提出了全民战争的"总体战"理论。这些著作从不同角度阐述了机械化部队在未来战争中的作用以及机械化部队的组建和使用原则等问题，逐步完善了"机械化战争论"，成为西方国家向外拓展经济影响力的助推器。

三、现代西方军事经典

现代西方军事著作是随着以美国、苏联为首的北约、华约两大军事集团近半个世纪的冷战，以及冷战结束后发生的一系列局部战争发展和变化的。在机械化战争向信息化战争转变的过程中，人类社会的军事实践活动越来越复杂，以往以个体为中心创作军事著作的方式，已不能满足军事实践对军事理论的需要，国家和军事部门开始设立专门的机构进行军事理论研究。此外，随着科学技术的加速发展和自然科学和社会科学综合、分化趋势的增快，军事理论研究也在综合、分化中向前发展，军事经典发展进入到一个新的阶段。

第二次世界大战结束以后，以核技术、计算机技术、航天技术、微电子技术和激光技术等为主的高新技术迅速发展，并广泛应用于军事的各个领域。

核武器、导弹武器等开始装备部队，战争的样式和作战手段发生进一步改变，作战理论和国防、军队建设理论也发生变革，这些都有力地推动了军事著作的发展。20世纪40年代后半期至80年代，核武器的出现与应用给军事领域带来巨大变化，探讨核战争理论和核武器发展与应用成为这一时期军事经典的主题，代表作有美国布罗迪的《绝对武器》、泰勒的《音调不定的号角》、柯林斯的《大战略》、格雷厄姆的《高边疆——新的国家战略》，以及希奇和麦基因合著的《核时代国防经济学》等。

上述军事著作系统论述了核武器的发展应用及其对战争造成的影响，全方位探讨了核战争理论和核作战的指导原则；系统总结两次世界大战的经验教训也是这个时期军事经典的另一重要特点，代表作有英国丘吉尔的《第二次世界大战回忆录》、富勒的《西洋世界军事史》等。这些军事经典由于研究内容涉及广泛，作者队伍构成开始发生变化，改变了以往以军人为主的作者群体，一些经验丰富的政治家、科学家以及某些民间学术机构，也纷纷参与到军事著作的撰写工作中来。

冷战结束后，世界政治多极化、经济全球化进程加快，现代战争呈现出新的特点，世界各国开始重新调整各自的军事战略。军事著作主要是侧重于探讨高新技术条件下局部战争的客观规律及指导原则，以及新战争形态下军队建设和国防建设的指导方针与原则等方面的内容。代表作有美国的《高技术战争》《高科技与新军事革命》，俄罗斯的《超越核战争》《第六代战争》《21世纪战争》，等等。与此同时，海湾战争、科索沃战争、阿富汗战争和伊拉克战争等信息化条件下的局部战争，显示了信息技术对军事领域的巨大影响，世界各国军事理论家的研究重点转到信息化战争以及国防信息化建设的方向上来，推出了一批反映信息化战争和国防信息化建设的军事著作。代表作有美国的《决战信息时代》《数字化战争——来自前线的观点》《信息时代的战争法则》等。

第二讲

军事学及西方军事经典

阅读西方军事经典，不能不知道军事学的基本内容，譬如，一些著作中会提到战略、战术、军事训练、军事指挥、军事装备以及军事后勤等，如果不知道这些概念说的是什么，就不会真正理解经典著作在历史上的地位，而这就是军事学研究的主要内容。如果我们在阅读经典之前，首先掌握军事学的基本构架和内容，那么，我们在阅读西方军事经典时，就可以把著作中论及的军事学的某一方面内容作为一个知识节点，放置到我们构架起来的军事学体系中。阅读的经典著作多了，我们就可以形成一个拥有诸多节点的网格体系，这不仅有助于我们记忆，而且可以使我们在梳理分析军事知识的基础上形成对军事学某一领域独到的见解，创新思维就产生了。鉴于此，我们在本讲中专门讨论军事学的构成和内容，以作为读懂读透西方军事经典的前提和基础。

军事学是指研究战争的本质和规律，并用于指导战争的准备和实施的科学，在其漫长的历史发展中形成了范围广博、内容丰富的体系。本书运用当前权威的分类法做一介绍。2013年4月，国务院学位委员会办公室印发了《学位授予和人才培养一级学科简介》《一级学科博士、硕士学位基本要求》，将军事学分为十个一级学科，分别为军事思想及军事历史、战略学、战役学、战术学、军队指挥学、军事管理学、军队政治工作学、军事后勤学、军事装备学和军事训练学。这些学科是在人类军事思想发展史基础上逐步发展完善的，许多西方军事经典也为此做出了贡献，由于军队政治工作学特指中国人民解放军政治工作，本著述以西方军事经典为主题，在此省略专属于中国的这一学科。下面就其他九个一级学科的具体内容以及西方军事经典与这些学科发展的关系做介绍。

第一节 军事思想及军事历史与西方军事经典

军事思想及军事历史是研究军事思想形成、发展规律和以往战争，以及其他军事活动发生、发展过程及其规律的学科，它源于人类社会的军事实践，随着战争、国防和军队建设的发展而发展。它以人类军事实践活动产生的理性认识和人类军事实践活动的发展进程为研究对象，目的在于总结军事实践的经验和教训，揭示战争、国防和军队建设的规律，做到古为今用、洋为中用、以史为鉴，为军事斗争和军队建设服务。军事思想及军事历史学包括两个二级学科：军事思想和军事历史。

一、军事思想

（一）军事思想的含义

军事思想是关于战争和国防基本问题的理性认识，是军事实践的经验总结和理论概括。其从总体上回答军事领域的普遍性、根本性问题，揭示军事领域的一般规律，提出军事斗争和军队建设的基本方针及指导原则，为研究和解决军事问题提供总体性理论指导。

（二）军事思想的基本内容

军事思想的基本内容是指军事思想构成的基本要素，其分为军事哲学和军事实践基本指导原则两个层次。前者主要包括战争观和军事方法论等。后者包括战略思想、作战指导思想、军队建设思想和国防思想等。

1. 战争观

战争观是关于战争问题的根本看法和根本态度。包括对战争起源和消亡、战争本质、战争性质、战争根源、战争目的、战争与和平、战争与相关因素的内在联系以及战争在社会发展中的地位和作用等一系列问题的基本观点，是军事思想的核心。

2. 战略思想

战略思想是关于战略问题的理性认识，通常表现为战争与国防的指导理论和基本原则。战略思想产生于战争和国防实践，它根据对国际形势和敌对双方政治、军事、经济、科学技术、地理等诸因素的分析判断，科学预测战争的发生与发展，制定战略方针、战略原则和战略计划，筹划战争准备，拟定指导战争实施所遵循的原则和方法。战略思想是制定国家军事政策，运用军事力量支持和配合国家进行政治、经济、外交斗争的重要保障。它既指导战时，也指导平时；既指导军事力量的使用，也指导军事力量的建设；既指导准备与实施战争，赢得战争的胜利，也指导遏制战争，维护和平。战略思想正确与否，决定战争的胜负，事关国家和民族的兴衰荣辱。

3. 作战指导思想

作战指导思想是关于作战指导问题的理性认识，通常表现为作战的指导理论和基本原则。作战是敌对双方打击或抗击对方的军事行动，包括各种类型、形式、样式的武装对抗。作战是军事活动的核心内容，是达成政治目的的重要手段，其结果对作战双方的命运产生直接影响。保存自己、消灭敌人是作战行动的根本目的。作战指导必须紧紧围绕这一根本目的，根据不同的作战类型、作战形式、作战样式，科学运用作战力量以及时间、空间等作战要素，对作战行动给予指挥和引导，以达成预期的作战目的。正确的作战指导思想是作战胜利的基础和重要保证。

4. 军队建设思想

军队建设思想是关于军队建设问题的理性认识，通常表现为军队建设的指导理论和基本原则。军队作为国家政权的主要成分和执行政治任务的武装集团，是从事军事活动的主要力量。军队建设是为组建军队和提高军队战斗力而进行的军事、政治、后勤和装备等方面的建设，包括改进武器装备、优化军队结构、完善体制编制、发展军事理论、进行军事训练、培养军事人才、健全军事法规、加强军事管理、提高保障能力等内容，是一项复杂的系统工程。军队建设思想是制定军队建设指导方针和原则的主要依据，对各项军队建设实践具有先导作用。军队建设思想正确与否，对军队建设的质量和效益产生决定性影响，进而关系战争的胜负和国家的安危。

5. 国防思想

国防思想是关于国防问题的理性认识，通常表现为国防建设和斗争的指导理论和基本原则。国防伴随国家的出现而产生，是国家为防备和抵抗侵略、制止武装颠覆，保卫国家主权、领土完整和安全而进行的军事活动，以及与军事有关的其他方面的活动。国防是国家生存的必要条件，也是国家发展的安全保障。国防建设是为提高国防能力而进行的各方面的建设，其主体是武装力量建设，尤其是常备军的建设。国防思想是制定国防战略和国防政策、建立和完善国防体制的基本依据，是增强国防力量的重要保障。国防思想正确与否，关系国防建设和国防斗争全局的成败。

6. 军事方法论

军事方法论是关于军事方法的学说和理论体系。它一方面研究和揭示军事方法的本质和基本特征，探讨军事方法形成和发展的基本规律；另一方面研究和揭示军事方法的运用规律及作用机理，探讨如何把理论转化为可操作的方法的机制和步骤。军事方法论对于人们自觉地运用科学的军事方法认识和改造军事领域的客观事物具有重要意义。

（三）军事思想的发展趋势

21世纪，为打赢信息化时代的战争，世界主要国家普遍重视通过创新军事理论，牵引和指导军队的信息化建设，军事思想呈现出如下发展趋势：一是更显著地体现信息化的时代特征，突出反映军事变革的新发展，信息化战争理论和信息化军队建设理论将成为未来军事思想的主要内容。二是创新速度明显加快，缩短了军事思想从指导军事实践到反馈效果，再用于指导新的军事实践的过程。三是对军事实践的先导作用进一步增强，创新军事思想越来越成为打赢未来信息化战争的需要。四是军事思想发展与科学技术进步的联系更加紧密：首先，以信息技术为核心的高新技术在军事领域广泛应用，迅速地改变了军事领域的面貌，引起战争形态和作战方式的变化，从而加速导致军队建设和战争指导思想的变革。其次，建立在信息技术等现代科学技术基础上的虚拟实践，正在成为军事思想和作战理论产生的重要源泉。再次，在信息化条件下，军事思想对科学技术特别是武器装备的发展具有理论牵引作用。五是研究方法和手段更加丰富新颖。系统论、控制论和计算机技术、模型方法等现代科技手段，将更多地运用于军事思想研究，定性分析与定量分析将通过人机结合、以人为主的综合集成研讨方法更加有效地结合起来，从而增强军事思想创新的科学性和可行性。

二、军事历史

（一）军事历史的含义

军事历史是人类社会以往战争、国防、军队和其他军事组织、军事活动产生、发展的过程。军事历史是人类社会历史中极为精彩、壮观的部分。

（二）军事历史的基本内容

军事历史的内容包括从古至今一切军事以及与军事有关的活动的发展过程。按历史分期划分，有古代、近代、现代军事历史。按历史自身的类别划分，有战争史、国防建设与发展史、军队建设与发展史、军事思想史、军事技术史、军事人物史、军事学术史以及军事装备史等。按国别和地区划分，有中国军事历史、外国军事历史等。外国军事历史主要记述世界军事历史发展过程中，一些国家和地区有影响的、著名的军队或军事组织的发展历程。

（三）军事历史学的发展趋势

一是更加注重军史、战史的专题研究。二是更加注重军事历史学科前沿和学术新观点，以及与其他学科的综合性研究。三是更加注重从历史与现实的结合上，深化对当代战争、国防和军队建设特点规律的研究。四是更加注重军事经济史、军事文化史、边海防史、民族宗教史、军事关系史等方面的研究，以及军事人物的研究。五是更加注重充分利用影视媒体展现历史研究成果和普及历史知识。

三、军事思想及军事历史与西方军事经典的关系

西方系列军事经典作为一种物质载体，记录和体现了西方军事思想和军事历史精华部分的发展脉络。

古代军事思想和军事历史是在冷兵器时代、冷兵器与火器并用时代的战争及战争准备等军事实践中形成和发展起来的。战争亲历者对战争谋略、作战指导、军事训练、指挥艺术等问题的认识记录在《高卢战记》《内战记》《历史》《伯罗奔尼撒战争史》《远征记》《谋略》等古代西方军事经典中。

近代军事思想和军事历史是在热兵器战争和机械化战争时代的军事实践中发展起来的。枪炮等热兵器和铁甲战舰的使用，引起军队组织结构、体制编制、指挥体制、作战方式、兵役制度和后勤保障等方面的巨大变化，这些变化引发的思考，最终形成了《理论后勤学》《海权对历史的影响（1660—1783年）》《制空权》《空中国防论》《装甲战》等西方军事经典；英国资产阶级革命战争、美国独立战争、拿破仑战争等一系列新的战争实践，引发人们对民众力量、政治和精神等因素在战争中的作用，以及战争目的与手段等问题的思考，所形成的"战争是政治通过另一种手段的继续""战争不是科学而是一门艺术"等论断，被记录在《战争论》《战争艺术概论》等西方军事经典中。

现代军事思想和军事历史是在机械化战争向信息化战争转变的军事实践中发展起来的。第二次世界大战结束后，以导弹与核武器为代表的新一代武器装备迅速发展，在美苏两大军事集团之间形成了以核威慑为特征的冷战对

抗局面，核战争、核军备以及核威慑理论成为双方制定防务政策、战略方针和建军原则的基本依据。"核武器制胜""大规模报复战略""灵活反应战略""有限核威慑"等理论分别体现在《绝对武器》《音调不定的号角》《大战略》等西方军事经典中。

冷战结束后，爆发全面核战争的威胁降低。以信息化为核心的第四次军事革命的到来，使现代战争呈现出灵敏及时准确的侦察定位、快速反应和机动、中远程精确打击以及陆海空天电五位一体联合作战等新特点。信息化条件下的战争正在成为体系对体系、系统对系统的整体力量的较量。军事思想和军事历史的研究围绕着如何打赢信息化战争这一主题而展开，发展导弹防御系统、进行"主宰机动、精确打击、全维防护、聚焦后勤"为原则的联合作战等思想体现在《2020年联合构想》《高科技与新军事革命》《超越核战争》《21世纪战争》《第六代战争》等西方军事著作中。

上述西方军事经典涉及国防建设、军队建设、战争、军事技术等的发展，以及著述者本人的经历，其本身就是军事历史的研究素材，构成军事历史研究的组成部分。譬如，马汉的《海权对历史的影响（1660—1783年）》中探讨了1660—1783年西方世界争夺海权的历次斗争，诸如1665—1667年的第二次英荷之战，1672—1674年英法同盟对联合省的战争等，成为战争史研究的珍贵素材。

第二节　战略学与西方军事经典

一、战略的含义

战略，又称军事战略，是筹划和指导战争准备与实施及武装力量建设与运用全局的方略，具有全局性、对抗性、预见性、谋略性、创造性和相对稳定性特征。战略所要解决的问题包括为应对战争而进行的各项准备，为预防、

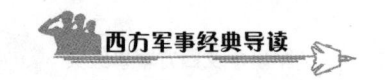

制止和推迟战争而进行的政治、军事、经济、科技、外交等方面的斗争,以及战争的战略领导和实施、战略作战和保障、战争控制和结束战争的决策和处置等。

根据不同的标准,战略可分为不同的类型:按军事行动的基本样式分,有进攻战略和防御战略。按军事行动的持续时间分,有速决战略和持久战略。按军事行动的规模和范围分,有全面战争战略和局部战争战略。按使用武器的性质分,有核战争战略和常规战争战略。按军事活动的内容分,有军事力量运用战略和军事力量建设战略等。

不同层次的战略按照一定的组织结构构成战略体系。由于国情、军情不同,不同的国家拥有不同的战略体系。美国战略体系包括国家安全战略、国防战略、军事战略、战区战略(军种战略)。英国战略体系包括国家政策、大战略和军事战略。法国战略体系包括总体战略、全面战略和作战战略。我国战略体系包括国家战略、军事战略、战区战略和军种战略。其中,国家战略包括国家发展战略和国家安全战略;军事战略包括海洋、太空、网络空间军事战略等。

二、战略的构成要素

战略的构成要素是构成战略的基本成分,是战略本质属性的集中反映和战略内容与形式的具体体现,主要有战略目的、战略任务、战略方针、战略力量和战略手段。

战略目的是战略行动所要达到的预期结果,是制定和实施战略的出发点和归宿点,是战略企图的集中体现和制订战略计划的基本依据。战略目的是根据战略形势和国家利益的需要确定的。维护国家和民族的根本利益,特别是维护国家主权、安全和领土完整统一,以及国家战略资源与国家权益,是战略的基本目的。战略目的以国家军事力量水平和战争实力为物质基础,受政治、经济、军事和科技诸因素的制约。

战略任务是战略目的的具体化,它体现总的战略意图,是达成战略目的必须解决的重大问题。战略任务是军事行动的目标,反映战争的实际效果,分为总任务和具体任务。战略任务的完成需与武装力量的建设与运用紧密结合，武装力量的发展建设为完成战略任务提供可靠的保证和坚实的基础。

战略方针是筹划指导战争全局与武装力量建设的纲领和原则，是国家总方针、总政策的重要组成部分，也是其在军事上的反映。它是在科学分析国际战略形势和敌对双方政治、经济、军事、科技、地缘诸因素基础上，根据战略目的和任务要求而制定的，是战略的主体和核心。每个时期或每次战争除了需要总的战略方针外，通常还制定具体的战略方针，以确定不同情况的战略任务、战略重点、主要战略方向、战略与武装力量的运用等问题。

战略力量是进行战争的主要物质基础和支柱。它以国家综合国力为后盾，以武装力量为核心，对战争的规模、方式、进程和结局具有重大的决定性影响。战略决定武装力量的类型、性质、建设与应用的基本方向。战略指导者要根据战略目的需要，指导武装力量的建设与运用，以夺取战争的胜利。武装力量的建设与运用，需根据战略目的和战略任务的要求，在发展经济和科学技术的基础上，确定其建设的目标、规模、重点、方针、步骤及措施，并与国家的总体力量协调发展。

战略手段是为达成战略目的而运用武装力量的方法。它是战略指导者根据战略方针的要求，为达成战略目的，以武装力量为基础，在政治、军事、外交、经济、科学技术和战略领导与指挥等方面所采取的各种全局性的方法和措施。战略手段作为准备和进行战争的具体行动，是关于战争方式与非战争方式、实战与威慑的选择和运用。战争是实现战略目的的基本手段，非战争方式是不直接使用武装力量进行战争而实施的军事对抗和斗争方式。威慑则是武装力量的非战争运用，包括显示军事力量和进行武装力量部署、调动、演习，展示武器装备发展水平，开展边防、海防、空防斗争以及军事外交和军备控制等。

三、战略学及发展趋势

战略学是研究战争、国防和军队建设全局性问题及其规律的学科。它以战争及与国家安全有关的全局性军事活动为研究对象，旨在揭示其发生、发展的基本规律，阐明战略指导的原则和方法，为遏制战争和打赢战争、建设和发展武装力量、维护国家安全和发展，提供科学的理论依据和正确的战略指导。战略学下设四个二级学科：国家安全战略学、军事战略学、军种战略学和国防动员学。

战略学的理论和知识基础分为战略基础理论和战略应用理论两部分。战略基础理论的内容主要包括战争的起因、本质、性质、目的、形态、战争与和平的关系等战争观问题，以及战略的定义、战略的发展演变、战略的特点规律、战略的体系结构、以及战略思想、战略原则等。战略应用理论主要包括：（1）战争准备与实施理论，包括战争的战略判断、战略决策、战略指导、战略计划、战略部署，以及战争实施的战略作战类型、战略作战方法、战略作战指挥控制和战略保障等。（2）国防建设与发展理论，包括边防、海防、空防、人防，以及战场建设、国防科技与国防工业建设、国防动员建设和国防法规建设等。（3）武装力量建设与运用，包括武装力量的军事建设、思想建设、后勤建设和装备建设，以及武装力量作战运用和非战争军事行动运用的原则、方式、方法和行动等。

21世纪以来，以信息技术为核心的世界新军事变革深入发展，使战略学发展呈现出如下趋势：一是研究领域扩大化。不仅研究战争的准备和实施，而且研究与国家安全有关的其他全局性军事和非军事行动；不仅研究如何打赢战争，而且研究如何遏制和防止战争；不仅研究武装力量的运用，而且研究武装力量的建设和发展。二是研究内容体系。国家安全战略、军种战略、国防动员、威慑战略、海洋战略、太空战略、网络空间战略、边海防战略等战略理论研究的地位将进一步提高，各种战略概念的内涵外延及相互关系的研究将进一步深入，战略理论的体系将更加完整、明晰。三是研究方法科学化。运筹分析、仿真模拟等科学方法逐渐被引入战略研究领域，更加强调定性与定量研究相结合，使战略理论研究科学化。

四、战略学与西方军事经典的关系

战略学来源于战争指挥和战略理论研究的实践活动,在其形成与发展的漫长历史长河中,有关战略的西方军事经典为战略学的形成和发展做出了不朽贡献。在古代战争中,谋略与战法的运用逐步加深了人们对战争指导规律的认识,产生了古代的战略理论,其较好地体现在古罗马弗龙蒂努斯的《谋略》和修昔底德的《伯罗奔尼撒战争史》中。其中,《谋略》是西方最早的战略理论专著,它通过对战略上成功战例的分析,将揭示出的战争规律用以提高将帅们运筹和指挥战争的能力。

到了近代,战争进入热兵器时代,人们对战争和战略的系统研究有了明显进展。拿破仑一世创造了"选定主要战略方向、集中优势兵力、出其不意地袭击歼灭敌人和建立强大的预备队"等战略原则。克劳塞维茨的《战争论》开始把战略与战术的概念区分开来,并加以明确界定。战略学逐渐发展成为一门独立的军事学学科。《战争论》与若米尼的《战争艺术概论》总结了战争的经验,全面论述了战争和战略理论,成为近代资产阶级战略理论研究的里程碑。

19世纪末20世纪初,一些反映坦克、飞机等机械化武器装备作战的战略理论相继产生。德国施利芬提出以战略包围合围敌军主力,达成决定性歼灭战的速决战略和歼灭战略;美国马汉在《海军战略》中系统阐述了以"海权论"为中心的海军战略理论;意大利杜黑的《制空权》提出空中战争论;德国鲁登道夫的《总体战》主张采取闪电式的突然袭击方式发动战争;英国富勒的《装甲战》创立了机械化战争理论。这些有代表性的战略理论的提出,标志着战略学学科在西方军事理论界的确立。

第二次世界大战以后,随着国际形势的不断变化和科学技术的飞速发展,战争观念、战争样式、战争手段和战略指导等均发生了深刻的变化,极大地推动了战略理论研究的深入发展,战略学开始成为具有现代意义的一门独立的学科。许多国家都设立了专门的战略研究机构,战略理论著作层出不穷。

其中比较有影响的有英国利德尔·哈特的《战略：间接路线》、法国博弗尔的《战略入门》、美国柯林斯的《大战略》、日本小山内宏的《现代战略论》、美国基辛格的《核武器与对外政策》以及美国布罗迪的《导弹时代的战略》等。各方相继提出了有限战争理论、核战争和核威慑理论、空间战略理论、局部战争理论、战争控制理论、高技术战争理论、信息安全战略理论等，进一步丰富了战略学的理论宝库。

冷战结束后，国际战略格局发生重大变化，以信息技术为核心的高新技术广泛应用于军事领域，引发一场世界性的新军事革命。为适应战场环境、战争手段等的巨大变化，世界主要国家普遍进行战略调整，提出以新的战略理论做指导。如美国提出"先发制人"战略，以及"空天一体""网络中心战""空海一体战"的作战新构想；俄罗斯深化"太空作战理论"，建立"三位一体"的战略核力量；英、法、德等国也着手制订战略计划，强调通过"系统集成"来提高未来信息化战争的整体作战能力。世界各主要国家都在积极研究新的战略理论，根据信息化条件下战争、战役、战斗相互融合的特点，强调战略决策、战役指挥和战术行动相结合，确立多维空间整体作战以及争夺制信息权的战略思想。

第三节　战役学与西方军事经典

一、战役的含义

战役是指军团为达成战争的局部目的或全局性目的，在统一指挥下进行的由一系列战斗组成的作战行动。其本质要素主要体现在力量、目的、指挥和组成四个方面。战役同战斗相比有如下特征：参战力量众多、战场空间广阔、持续时间较长、机动行动广泛、作战样式多样、具有明显的独立性、与战斗全局联系紧密。

根据不同的标准，战役可做如下分类：一是按作战性质分为进攻战役和防御战役。二是按参战军种及其相互关系分为联合战役和军种（合同）战役。三是按作战空间分为陆上战役、海上战役和空中战役。四是按作战规模分为战区战略性战役、战区独立方向战役和集团军战役。

战役的主要原则包括：知彼知己、充分准备；力争主动、夺控两权；集中精锐、打击要害；快速突然、出敌不意；攻防结合、注重进攻；纵深打击、注重远战；统一指挥、协调一致；全面保障、突出重点。

二、战役准备与实施

战役准备是指战役指挥员进行战役筹划与组织的过程，是战役活动的基础。包括如下内容：一是确定战役方针。包括确定战役目的、作战方向、作战目标、作战力量使用、战法和战役阶段等。二是下定战役决心。包括明确战役目的、主要作战方向、战役布势、基本战法、战役阶段划分和战役发起时间等。三是制订战役计划与组织战役协同。四是组织战役保障。包括作战保障、后勤保障、装备保障等。五是调集战役力量。六是进行临战训练。七是督促检查部队迅速完成战役准备。八是组织联合防卫作战。

战役实施是运用战役力量，贯彻、调整既定决心，打击预定目标，实现战役目的的阶段。包括以下四个阶段：（1）适时发起战役。（2）推动战役发展。（3）进行战役转换。（4）果断结束战役。

三、联合战役与军种（合同）战役

联合战役是指两个或两个以上军种的军团（特殊情况下也可以是两个以上军种的若干战术兵力组成的战役军团），在联合战役指挥机构的统一指挥下共同实施的战役。通常由一系列的军种（合同）战役组成。联合战役由参战力量、指挥机构、军种关系、战役组成等四要素组成，具有战略性强、指挥层次高、高技术对抗激烈等特征。其主要样式包括岛屿封锁战役、岛屿进攻战役、联合火力打击、边境地区反击战役、反空袭战役、抗登陆战役等。

军种战役包括陆军战役、海军战役、空军战役等。陆军战役是指陆军战役军团独立或在其他军种部（分）队的支援、配合下所进行的战役，包括陆地进攻战役和陆地防御战役，前者包括阵地进攻战役、城市进攻战役、登陆战役和机动进攻战役等。后者包括阵地防御战役、城市防御战役、抗登陆战役和机动防御战役等。海军战役是指海军战役军团单独或在其他军兵种协同配合下，为达成一定的战略或战役目的，按照统一的企图和计划，于一定海域和一定时间内所进行的一系列相互联系的战斗与保障行动的总和。海军进攻战役包括海上封锁战役、进攻敌人海上兵力集团战役、袭击敌人海上重要军事目标战役、珊瑚岛礁区进攻战役、破坏海上交通线战役等。海军防御战役主要包括海军基地防御战役、保卫海上交通线战役、海上反封锁战役等。空军战役是指空军战役军团为达成一定的战略战役目的，按照统一的企图和计划，在一定的时间和空间内进行的一系列作战行动。主要包括空中进攻战役、防空战役、空中封锁战役和空降战役等。

四、战役学及其发展趋势

战役学是研究战役及其指导规律的学科。它以战役为研究对象，研究内容主要包括战役的本质、类型、特点、原则，以及战役的指挥、实施方法、协同与保障等方面的理论，旨在研究和揭示战役规律和战役指导规律，用于指导战役作战和训练实践。战役学设置的二级学科包括联合战役学和军种战役学。

战役学的理论和知识基础分为战役基础理论和战役应用理论两部分。战役基础理论主要包括战役的定义、战役的本质、战役的形成与发展、战役的特点规律、战役的体系结构、战役的类型和样式等。战役应用理论主要包括各种具体战役样式的基本特点、战役原则、体系结构、基本战法，以及战役组织与实施的具体程序、方法、力量运用、指挥、协同、保障和作战行动等。

新的历史条件下，战役学研究呈现出以下新的发展趋势：一是战争形态和作战方式的快速演变，对战役学的发展产生巨大影响。随着信息时代科学技术的不断进步及其在军事领域的广泛运用，战役空间多维化、力量一体化、指挥网络化、行动精确化、样式多样化的特征日趋明显，战役学研究必须适应信息时代战役形态快速变革的要求。二是战役学涵盖的内容越来越丰富，研究内容不断突破传统战役学研究范围。信息战、联合火力战、立体机动战、特种作战、网络战、指挥控制战、精确打击战，以及基于信息系统的体系作战等战役理论研究更加深入。三是战役学理论研究的科学性明显增强，研究方法更加注重定性与定量研究相结合。在重视实兵实装战役演习的同时，依托大型战役兵棋演习系统和联合作战模拟研究中心，论证未来信息化条件下的战役样式，检验战役理论研究成果，创新与完善战役理论体系，将成为战役学理论研究的主要途径。

五、战役学与西方军事经典的关系

战役理论通常融于作战理论著作之中，战役学是战役实践和理论研究发展到一定阶段的产物。伴随着战役发展的四个阶段，西方军事经典中所体现的战役理论也相伴相生走过四个阶段：

一是冷兵器时代。大约在14世纪之前，西方的战役样式主要体现为野战、城堡攻守和海战，典型的战役有马拉松会战、坎尼之战等。这一时期没有战略、战役、战术之分，也没有纯粹的战役理论专著，但是，一些著作中却包含了指导战役作战的思想。较早论述作战理论的著作是古希腊色诺芬的《远征记》，他在书中指出作战应出敌不意、迷惑敌人、克己之短、布置后援、轻装前进等，这些思想为战役理论的发展奠定了基础。

二是冷热兵器并用时代。14至17世纪。战役布势和作战队形逐步取代近距离搏杀占据主导地位，典型的战例有君士坦丁堡会战等。16世纪上半叶，意大利马基雅维利的《战争艺术》涉及了不少会战的理论。人们对作战理论的研究，为战役学的形成奠定了基础。

三是热兵器时代。这一时代又分为三个阶段：一是18至20世纪初阶段。蒸汽舰船、无线电通信器材等新装备应运而生，编组了陆军集团军和海军舰队等战役兵团，战役有了较大发展。二是第一次世界大战阶段。交战方普遍装备了速射火器和新型火炮，改善了交通和信息通信手段，军队机动性和指挥得到改善，集团军、方面军战役以及舰队、区舰队战役分别成为陆上战役和海上战役的基本样式，阵地进攻和防御战役得到发展。战争后期，随着坦克、飞机等装备的装配，出现诸军兵种合同战役。三是第二次世界大战阶段。战役规模进一步扩大，出现了方面军群战役、大陆战区战役、大洋战区战役；战役样式也变得多元，出现空中战役、防空战役、空降战役、反空降战役等；不仅有陆军、海军、空军的独立战役，而且有陆空、海空、陆海空共同进行的合同战役和联合战役，战役的整体性和立体性增强；不仅有不同规模的机动战战役、阵地进攻和防御战役，而且有各种规模的游击战战役，战役作战行动方法也有了新的发展。长期的战争实践和作战经验的积累，促使西方作战理论得到不断充实和发展。英国的劳埃德在《1756年德意志普鲁士国王与奥地利女王及其盟国之间的战争史序言或劳埃德将军的军事政治回忆录》中，较早使用"战役"一词。19世纪上半叶，普鲁士的克劳塞维茨在《战争论》中将会战作为战争与战斗的中间层次提出，并阐述了作战指导规律。瑞士的若米尼在《战争艺术概论》中，将大战术与战略和战术区分开来，较全面地阐述了大战术理论，上述两部著作对战役理论的发展起到重要促进作用。19世纪末，俄国军事理论家在军事著作中进一步论述了战役兵团的编成、战役部署和战役指挥等战役理论问题。

四是热核兵器时代。20世纪50年代以后，随着各类导弹核武器、直升机、精确制导武器等相继装备军队，战略导弹部队、陆军航空兵、电子对抗兵种也相继诞生，出现了海湾战争等高具有技术战争特点的现代战役作战，体现了现代战役的整体性、机动性、立体性和快速性特点。2003年伊拉克战争预示着战役作战已进入信息化时代。1982年美军在《作战纲要》中，把战略、战役、战术区分为准备与实施战争行动的三个等级，第一次明确地把战役学当成一门独立的学科。之后，在对战役理论进行系统、深入研究的基础上，制定了"空地一体战"理论。20世纪90年代初爆发的海湾战争，以美国为首的多国部队将以信息技术为核心的诸多高技术武器装备广泛应用于军事领域，使战役产生新的形态——信息化条件下的战役，涌现出一批描述有信息化特征战役的著述，如《决战信息时代》《信息时代的战争法则》等。

第四节　战术学与西方军事经典

一、战术的含义

战术是进行战斗的方法内容，包括战斗原则、战斗部署、战斗指挥、战斗协同、战斗行动的方法以及各种保障措施等，还包括行军、宿营、输送、变更部署和换班的方法。按类型分为进攻战术和防御战术。按形式分为联合战术和合同战术。按军种兵种分为军种战术和兵种战术。按规模分为兵团战术、部队战术和分队战术等。战术运用服从战役法和战略的要求，灵活运用和变换战术对于夺取战斗的胜利具有重要意义。

二、合同战术和联合战术

合同战术包括两层含义：一是单一军种内两个以上兵种部队协同进行的战斗。分为陆军合同战斗、海军合同战斗、空军合同战斗等。二是以某一军种部队为主，在其他军种部队、分队支援和配合下进行的战斗。以下主要包括合同战斗的本质特征、要素、原则、规律、类型、指挥与协同等内容。

合同战斗的本质特征是以担负主要战斗任务的军兵种部队为主，在其他军兵种部队支援下形成整体合力的作战。表现为力量多元、合成编组，统一指挥、协调一致，密切协同、整体联动，信息主导、火力主战。合同战斗的要素包括基本条件要素、基本行动要素和其他相关要素等。其中，基本条件要素是指力量、时间、空间和信息等要素，是形成合同战斗的前提和基础。基

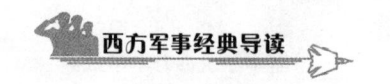

本行动要素包括打击、防护、机动和信息行动等要素。其他相关要素包括指挥、精神和保障等要素。

合同战斗的原则包括集中效能、击敌要害、信息主导、火力主战、隐蔽突然、主动灵活、快速精确、攻防一体、密切协同、重点保障等。合同战斗的规律包括力量决定律、时空相关律、行动主导律、智勇制约律。合同战斗类型包括陆上合同进攻战斗、陆上合同防御战斗、海上合同进攻战斗、海上合同防御战斗、空中合同进攻战斗、空中合同防御战斗。

合同战斗指挥是指战斗兵团、部队指挥员及其指挥机关对合同战斗进行的指挥，包括对合同战斗的计划、组织、控制和协调等。其指挥方式包括集中指挥、分散指挥、按级指挥、越级指挥。

合同战斗保障按任务分为作战保障、后勤保障和装备保障。作战保障是合同战斗指挥机关为满足合同战斗需要而组织实施的直接服务于作战行动的保障。包括侦察情报、警戒、通信、机要、信息防护、目标、工程、交通、伪装、核生化防护、测绘导航、气象水文、战场管制、电磁频谱管理、航海、防险救生、领航等方面的保障。后勤保障是指从物质和技术上保证合同战斗的顺利实施所采取的后勤专业勤务活动，包括物资保障、卫勤保障和运输保障等。装备保障是使参战兵力装备性能完好所采取的技术措施，包括装备维修保障、维修器材保障和弹药保障等内容。

联合战术是进行联合战斗的方法，分为联合进攻战术和联合防御战术。联合战斗是两个以上军种的战术兵团、部队和分队在联合指挥机构的统一指挥下共同进行的战斗，分为联合进攻战斗和联合防御战斗，是现代战斗的基本形式。

联合战斗具有如下特征：战斗力量多元融合、信息系统网络互联、战斗行动整体联动、战斗空间多维一体、战斗目的关联全局。联合战斗的主要样式包括联合登陆战斗、边境地区联合反击战斗、联合防卫战斗、联合火力战斗、联合防空战斗、联合特种战斗等。

联合战斗指挥是指联合战斗指挥员及其指挥机关为达成联合战斗目的，依托无缝连接的网络化指挥信息系统,对参战的诸军兵种部(分)队进行的组织领导活动。分为"集""分"结合式指挥、"非分层"指导式指挥、网络联控式指挥、节点互访式指挥等。

联合战略保障是以战场需求为牵引,以部队信息化建设不断发展为基础,以改革现有保障形式为途径,融后勤保障、装备保障于一体的新型保障形式,包括直达式精确保障、模块化预制保障、集成式跟进保障、聚合式动态保障等。

三、战术学及其发展趋势

战术学是研究战斗及其指导规律的学科。战术学以战斗为主要研究对象,着重研究战斗的本质、类型、特点、要素、原则,战斗的指挥、实施方法、协同与保障等方面的理论。战术学设置的二级学科包括联合战术学、合同战术学和兵种战术学。

战术学的理论和知识基础分为战术基础理论和战术应用理论两部分。战术基础理论主要包括战斗的定义、战斗的本质、战斗的特征、战斗的规律、战略的形成与发展、战斗的要素、战斗的类型与样式等。战术应用理论主要包括战斗原则、进攻战术、防御战术、战斗指挥理论、各种保障及战斗勤务理论等。

新时期,随着信息技术在作战领域的广泛应用,基于信息系统体系作战成为主要作战形式,战术学研究呈现出如下新的发展趋势:一是注重研究信息化条件下战斗的特点和规律,信息成为新的战斗要素,一体化联合战斗成为新的战斗趋势,信息制胜成为新的战斗规律,信息主导、火力主战、体系破击成为新的战斗原则。二是学科体系和理论体系进一步扩展和完善,各种新型专业兵种将催生出相应的兵种战术学,合同战术学也将呈现出新的特点。联合战术学将成为战术学学科体系中的主导学科。三是研究方法更加注重定性与定量相结合,更加注重运用建模仿真、探索性分析、综合集成等定量分析方法,对战术学理论研究的科学性和精准性提供支持。

四、战术学与西方军事经典的关系

战术随着战斗的出现而产生，随着军事技术的进步和战斗实践的发展而发展，大量的战术理论蕴含在西方军事经典著作中。莫里斯的《战略》着重探讨战术问题，书中所描述的骑兵阵型和战术，所体现的诸兵种协同作战思想，直到二战之前都可以算是先进的。克劳塞维茨在《战争论》中就提出"战术"的概念，在《战术或战斗学讲授计划和提纲》中把战术定义为"战斗中使用军队的学问"，揭示了战斗的本质，分析了战斗的目的、原理、特点、分类等，阐述了集中兵力、出其不意、机动、积极防御、协同等战斗的一般原则，论述了进攻、防御、指挥、利用地形以及行军、宿营等组织与实施的一般方法，对战术学的形成产生了重大作用。普鲁士军事家比洛在《新战争体系的精神实质》（又译《最新战法要旨》）中，最先把军事科学划分为战略理论和战术理论。1897年日本的出版物《战术学》系统论述了不同兵种的使用以及不同类型和不同样式的战斗组织与实施的具体方法。美军1986年版《作战纲要》中，对战役学、战术学做了划分，提出战术学的研究范围包括军和军以下部队作战的内容，研究对象分为战斗和小规模交战等。

第五节 军队指挥学与西方军事经典

一、军队指挥的含义

军队指挥是指军队指挥员及其指挥机关对所属力量军事行动实施的特殊组织活动，是在特定环境下，针对特殊对象为达成特殊目的而进行的特殊社会实践活动。科学技术的进步、战争形态的演变、军队建设的发展和指挥理论的创新是其发展的动力。

军队指挥受到如下环境因素的影响：一是自然环境。地质、水文、气象等自然环境因素，影响军队指挥活动中的侦察和情报获取、指挥员的正确决策、计划和控制活动等。二是人文环境。地缘政治、军事谋略、战争历史、民族宗教、国际法律、军事法规和军事文化等人文环境因素，影响指挥员的谋略素质、工作作风以及指挥体制的建立。三是电磁环境。电子环境与指挥通信、指挥控制和信息对抗等密切相关，影响军队指挥活动的顺利进行。四是网络环境。计算机系统及其网络构成的虚拟空间，影响指挥者指挥素质的提高、指挥谋略的运用、指挥方式的选择。五是作战对象。作战对象影响指挥员对兵力和火力的使用、作战方式选择和战法的运用，以及影响指挥系统的安全和稳定。

军队指挥具有如下规律：一是军队指挥效能主要取决于有效信息的获取与使用。二是军队指挥体系必须与军队的体制编制和指挥手段相适应。三是军队指挥占用时间必须小于军队指挥允许的时间。四是军队指挥的协调性直接影响军队行动的有序性。五是军队指挥要素的关联互动影响军队指挥系统质量。

军队指挥遵循如下原则：知彼知己、统一指挥、主官决断、把握重心、高效灵活。

军队指挥包括如下活动：一是掌握判断情况。包括确定情况需求、系统收集整理、分析判断情况。二是下定行动决心。包括领会上级意图、确定行动目标、拟制决心方案、评估优选决断。三是计划组织作战。包括制订作战计划、组织协同动作、组织作战保障、检查指导作战准备。四是协调控制行动。包括确定调控目标、选择调控方法、督导部队执行。五是评估战场态势。包括熟悉预想态势、掌握现实态势、比较评估偏差、预测态势发展等。

二、军队指挥体制与指挥保障

军队指挥体制包括军队指挥体系、军队指挥机构、军队指挥关系、军队指挥法规等要素，分军令政令分离型指挥体制和军令政令合一型指挥体制。前者是指将"作战指挥"和"行政领导"分成两大系统。"作战指挥"系统只负责对军队作战实施指挥，而不负责军队的建设和管理。"行政领导"系统专门承担军队的组建训练、装备后勤保障、行政管理等，对军队的调动、作战无指挥权。后者是指"作战指挥"与"行政领导"同属一个系统，平时负责军队建设和部队日常行政管理，战时负责指挥和保障部队实施作战行动等。

影响军队指挥体制的因素包括国家军事战略、军队体制编制、军事技术水平、军队素质状况以及军事理论的发展。

军队指挥保障包括情报信息保障、通信网络保障、军事测绘保障、气象水文保障、信息安全保障、警戒防卫保障、工程防护保障等内容。具有如下特点：一是保障空间大、时间长、保障任务繁重。二是保障内容宽泛、保障对象多元、保障关系复杂。三是保障要求高、技术含量大、保障方式多样。四是保障节奏快、时效性强、保障组织难度大。组织实施军队指挥保障有如下要求：一是确定指挥保障要求。二是定下指挥保障决心。三是制订指挥保障计划。四是组织指挥保障行动。

三、军队指挥方式、手段与艺术

军队指挥方式分如下类型：集中指挥、分散指挥、按级指挥、越级指挥。军队指挥方式在运用时要做到灵活选择指挥方式、综合运用指挥方式、注重提高指挥效能。

军队指挥手段按发展程度分为手工式指挥手段、机械化指挥手段、信息化指挥手段；按功能分为情报获取手段、信息处理手段、信息传输手段、决策指挥手段、作战文书生成手段。军队指挥手段具有如下功能：信息获取、信息传输、信息处理，以及辅助决策和指挥控制。

军队指挥艺术表现为精于察情、善于谋划、敢于决断、妙于用法、巧于调控、长于用人。

四、军队指挥学及其发展趋势

军队指挥学是研究军队组织指挥活动及其规律的科学。它以军队指挥活动为研究对象，旨在研究和揭示指挥活动规律，用于指导作战指挥和训练实践。

军队指挥学设置如下二级学科：作战指挥学（含武警防卫作战）、作战环境学、军事运筹学、作战信息学（含军事通信学）、军事情报学、军事密码学和非战争军事行动（含武警内卫）。

军队指挥学的理论体系分为军队指挥基础理论、军队指挥应用理论和军队指挥技术理论。军队指挥基础理论主要包括军队指挥概念、军队指挥史、军队指挥特点、军队指挥规律、军队指挥原则、军队指挥体制、军队指挥方式、军队指挥手段、军队指挥环境、军队指挥保障、军队指挥艺术等。军队指挥应用理论主要涉及联合作战指挥、军兵种作战指挥、武警防卫作战指挥、非战争军事行动指挥等。军事指挥技术理论主要涉及军事运筹技术、军事情报技术、军事通信技术、信息对抗技术、信息处理技术、军事密码技术、军事气象技术、军事海洋水文技术、军事导航测绘技术等。

信息化条件下，军队指挥学研究呈现出如下发展趋势：一是学科研究内容更加拓展。二是学科体系更加完善。三是研究方法更加科学。

五、军队指挥学与西方军事经典的关系

冷兵器时期，军队指挥基本特征是指挥员由兼职逐步变为专职，指挥主体由个体指挥向群体指挥演变；指挥对象以陆战力量为主，各个兵种逐渐产生；指挥手段以手工指挥为主，初步形成体系；指挥理论从无到有，缓慢发展。

热兵器时期，军队指挥的主要特征是指挥主体不断发展，司令部机关初步形成；指挥对象逐渐增多，指挥活动日趋复杂；指挥手段发生质的飞跃，指挥空间大幅拓展；指挥理论逐渐活跃，初步形成体系。

机械化兵器时期，军队指挥的基本特征是指挥机构逐步完善，指挥能力空前提高；指挥对象呈现多军兵种，指挥内容迅速增加；指挥手段逐步机械化，指挥效能逐步提高；指挥理论快速发展，诸军兵种合同作战理论渐趋成熟。

高技术兵器时期，军队指挥的主要特征是指挥机构向机动化、联合化方向发展，对指挥员素质要求更高；指挥对象结构不断优化，指挥空间趋向多维；指挥手段向信息化方向发展，指挥信息系统日趋完善；指挥理论更加系统，

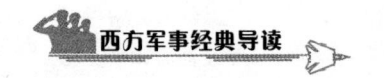

信息化条件下联合作战指挥理论快速发展。

军队指挥学随着战争形态和军队指挥手段、指挥体制、指挥方式演变而发展。西方军事指挥理论记载于诸多的经典著述中。古罗马弗拉维乌斯在《兵法简述》中强调将帅的指挥素养对克敌制胜的重要性，指出将帅在指挥部队时，要知彼知己、科学地排兵布阵和选择战法。莫里斯在《战略》中指出将帅在战时要运用不同的指挥方法，有效组织部队，使士兵快速进入作战状态。法国福煦在《作战原则》中强调战争不是科学，而是一门艺术，指挥官要努力学习指挥艺术，"逐步养成不需要推理就能正确行动的习惯"。英国富勒在《装甲战》中专章探讨了"军队指挥原则"，认为机械化时代，军队应精简指挥机构，适用"集中使用、高速突破""以机动实现奇袭""注重协同作战、发挥整体威力"的作战指挥原则。第二次世界大战期间，战争使军事指挥理论迅速发展。20世纪80年代以来，电子信息技术迅猛发展，相关技术在军事指挥领域广泛运用，军队指挥理论逐步形成比较完整的学科体系。

第六节　军事管理学与西方军事经典

一、军事管理的含义

军事管理是按照有关军事法规对军队各项活动所进行的计划、组织、协调、指挥与控制，包括军队管理主体、军队管理客体、军队管理环境三大要素。军事管理的目的是运用科学的手段和方法加强管理，合理配置和运用人力、物力、财力资源，提高军队的组织力和战斗力。

军事管理的内容主要包括军队行政管理、军事训练管理、作战管理、军队人力资源管理、军队信息管理、军队组织编制管理、军队政治工作管理、军队后勤管理、军队装备管理、军队科研管理。其中，军队行政管理又包括军队内务管理、军队兵员管理、军队安全管理、军队警备勤务。军事管理的主

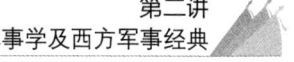

要方法包括科学管理、依法管理、从严管理、心理管理。

二、军制

军制是指国家或政治集团及军队组织、管理、维持、储备和发展军事力量的制度，一般由国家或政治集团及其军队制定，以法律、法令、条令、条例、规则、章程等规范性文件予以规定和颁行。其功能包括军事关系确定与维护、军事行为规范与调控两类。

军制的体系结构是指各类、各种相关联的军制所形成的纵向和横向的结构模式，可分为国防基本制度、专项制度、具体制度三个层次。军制体系的横向结构有两种划分：一是按军制的目的要素考察，可分为指挥使用的用兵制度与建设管理的养兵制度。二是按军制的客体要素考察，可分为军事关系调整制度、军事活动管理制度。

国防基本制度包括国防领导体制、武装力量体制、兵役制度、国防经济管理体制、国防科技和装备发展管理体制、国防教育制度、民防制度和国防动员制度。

军队工作制度包括军事训练、行政管理、军队政治、人事管理、后勤管理、装备管理、战场管理等工作制度。

军队组织编制是关于军队整体结构和军队建设单位具体编组的制度，主要包括军队总定额、总体结构、组织体制和编制等，确定军队领导指挥系统、战斗部队系统、战斗保障部队系统、后勤和装备保障系统、院校和科研系统，以及各系统中单位的设置、编组、任务区分和相互关系等。

三、军事法

军事法是国家制定或认可的，并由国家强制力保证其实施，用以调整军事领域内各种社会关系的法律规范的总和。其法律渊源为宪法、军事法律、军事法规、军事规章、国际军事约章等。其调整的对象、设定的行为模式、法律后果、公开程度、文件名称、要求、适用等方面具有特殊性。其体系包括国防法律制度、军事行政法律制度、军事刑事法律制度、国际安全保障和武装冲突法律制度。其运行包括军事立法、军事行政执法、军事司法、军事守法、军事法监督、军事法制教育、军事法律服务等内容。

四、军事管理学及其发展趋势

军事管理学是研究军事管理活动及其规律的学科。军事管理学既要研究军事管理的革命、职能和原则，又要研究军事管理的体制、机制和法制，还要研究军事管理的能力、效益和评估，以及各系统、各方面管理的理论和方法，为军事管理的实践服务。军事管理学设置的二级学科包括军队管理学、军制学、军事法制学。

军事管理学的理论和知识基础分为军事管理基础理论和军事管理应用理论两部分。军事管理基础理论主要包括军事管理的含义、革命、职能、原则、方法、体制、机制、法制、能力、效益以及评估等。军事管理应用理论主要包括军队战略管理、作战管理、战场管理、防务管理、危机管理、军事信息管理、国防动员管理、军事编制管理、军事训练管理、军队政治工作管理、军事人力资源管理、军事院校管理、军事科研管理等。

在新的历史条件下，军事管理学呈现出科学化、法治化、综合化的发展趋势。一是注重军事管理科学化的研究，强调在管理科学的引导下，结合军事管理实践的需求，运用科学的方法和手段进行管理，其目的在于使军事管理更符合事物发展规律，把军事管理纳入科学发展的轨道。二是注重军事管理法治化的研究，强调军事管理要按照法律法规和规章制度办事，确保军事管理活动的各个环节都有章可循，使军事管理条令化、制度化和规范化。从而实现从"人治"到"法治"的转变。三是注重军事管理综合化的研究，强调要用系统的观点实施管理，统筹各种资源、运用多种力量最大限度地实现管理目标。随着信息技术的发展和应用，军事领域的专业化程度越来越高，军事管理的分科管理随之增多，从而呈现出相互交叉、相互渗透、相互融合的态势，军事管理在不断分化的基础上向着高度综合的方向发展。

五、军事管理学与西方军事经典的关系

自从人类有了军事活动，就有了相应的军事管理，同时开始了对军事管理规律的探索，西方军事经典里面包含着大量的军事管理思想。古罗马恺撒在《高卢战记》中阐述管理部队，培养士兵遵守纪律、提高自制力的重要性；意大利马基雅维利在《战争艺术》中总结了"职业军队"的管理经验；俄国苏沃洛夫在《制胜的科学》中强调治军与管理的重要性，认为铁的纪律可以使每个士兵确信自己有力量勇敢向前，而服从命令则是保持秩序井然，以及确保指挥顺畅的前提。德国鲁登道夫在《总体战》中指出强大的军队是总体战的支柱，而严格军纪管理则是建立强大军队的前提条件。

第二次世界大战后，管理科学的发展促进了军事管理学的形成与发展。1950年，美国贝什兰的《国防军事管理》是第一部军事管理学著作，书中将"军事管理"定义为"计划、组织、指挥和控制军事单位的一切活动，使之能迅速、有效、经济地达成既定目标的一整套原则和理论"。此后，美、英等国相继出版了《国防部管理》《军事领导》《组织领导》《武装部队管理》《战争与战争管理》等军事管理理论专著，使军事管理理论研究进入一个新的发展阶段。

第七节　军事后勤学与西方军事经典

一、军事后勤的含义

军事后勤是筹划和运用人力、物力、财力、技术等力量，从经费物资、医疗卫生、交通运输、装备维修、基建营房等方面保障军事斗争、军队建设及其他军事活动需要的各项专业工作的统称。从职能上分，包括物质供应、伤病救治、交通运输和设施保障等内容。从主体上分，包括以军队后勤为主体的武装力量后勤和以国家政府及人民群众直接为军事服务主体的后勤。

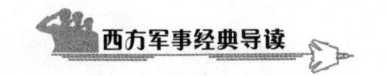

军事后勤的根本职能是把国家或政治集团提供的经济和技术力量转化为现实的后勤保障力量,以维护和提高武装力量的战斗力,保障军事任务的完成。其作用为:军事后勤是军队战斗力的重要组成部分;军事后勤是决定战争胜负的重要因素;军事后勤是国防威慑力的重要支柱。

二、军事后勤建设和后勤保障

军事后勤是一个多层次、多部门、多专业、多功能的复杂系统,其内容包括后勤保障和后勤建设两个方面。

军事后勤保障是为满足部队生存、建设、作战需要而提供的物质手段和技术服务,包括如下内容:

物资保障是指为军队或者其他武装力量提供生活和作战所需物资的一系列活动,实质是将国家提供的物资转化为军队建设和作战的物质手段,任务是围绕军队建设和作战对物资保障的要求,组织实施物资筹措、物资储备、物资补充和物资管理等项工作。

卫生保障是指军队卫生部门组织和运用医学技术措施,对部队进行伤病防治、医疗保健,维持和再生部队有生力量战斗力的活动。其实质是运用医学科学技术保障军队有生力量健康,为军事活动服务。其任务是主要围绕军队建设和作战对卫生保障的要求,组织实施卫生防疫、医疗救治、卫生防护、药材保障、兽医保障、卫勤管理等项工作。

军交运输保障是指为了达到军事目的而进行的交通运输活动。其实质是军队人员和物资的位移,其任务是围绕军队建设和作战对军交运输保障的要求,组织实施交通网准备、交通线抢修、交通线遮断、交通线防卫等项工作。

设施保障是指后勤通过新建或利用已有军事设施为部队提供生活、工作、战斗条件的一系列工作的统称。其实质是为军队作战提供有效的空间和基础条件。其任务是围绕军队建设和作战对设施保障的要求,组织实施军事工程设施建设、屯兵练兵基地建造、战时野营保障等项工作。

财务保障是指为军队提供生存、建设和作战所需要的经费的活动，其实质是不断取得和使用经费的过程，其任务是围绕军队建设和作战对财务保障的要求，组织实施经费筹措、经费供应、财务监督等项工作。

军事后勤建设是后勤保障能力的生成、聚积以及后勤关系的调整、改革等一系列工作的总和。其实质是建立和增强军队战斗力的物质技术基础，并建立和完善运用这些物质技术基础以保障战争需要的运行机制。其任务包括奠定战争物质基础、增强遏制战争的手段，以及促进社会生产力发展。其内容包括后勤体制建设、后勤物资储备、后勤装备建设、后勤设施建设、后勤法制建设、后勤人才建设等。

三、军事后勤指挥

军事后勤指挥是指对后方勤务工作的组织领导活动，包括对后勤机关、部队、分队的部署与行动的指挥；后勤保障和防卫的组织计划与实施；后勤与有关部门和后勤部门之间的协调，以及后勤情况的收集和后勤通信的组织等。其实质是将军队指挥员的意志贯穿于后勤活动的过程，是对后勤力量运用的主观指导。其要素包括人的要素、物的要素和信息要素。其职能包括对后勤活动的计划、决策、控制和协调。其活动包括研判保障形势、下定保障决心、组织保障实施、协调内外关系、控制保障行动。

军事后勤指挥应遵循如下原则：信息主导、全程掌控；统一指挥、密切协同；统筹全局、掌握关节；周密计划、力争主动；灵活应变，机断行事。

四、军事后勤学及其发展趋势

军事后勤学是研究军事后勤活动及其规律的学科。它以军事后勤活动为主要研究对象，主要研究军事后勤活动的特点规律、基本原则、基本方法和后勤建设、后勤保障、后勤防卫等，旨在为保障国防和军队建设、作战和非战争军事行动提供理论指导。军事后勤学设置的二级学科包括军事后勤建设学、后方专业勤务学和军事物流学。

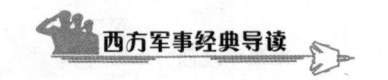

军事后勤学的理论和知识基础分为基础理论和应用理论两部分。军事后勤基础理论主要包括军事后勤基本概念、军事后勤发展演变、军事后勤特点规律、军事后勤保障原则、军事后勤保障方式、军事后勤保障手段、军事后勤保障体系、军事后勤资源配置机制、军事后勤法规制度等。军事后勤应用理论主要包括：一是军事后勤建设理论，包括军事后勤物资装备和设施建设、军事后勤信息化建设、军事物流体系建设、军民融合式后勤建设等。二是军事后勤保障理论，包括信息化条件下联合作战、军兵种作战和非战争军事行动后勤保障的方式方法，以及财务保障、物资保障、卫勤保障、军事交通运输保障、基建营房保障等后方专业勤务的特点规律和方式方法。三是军事后勤管理理论，包括军事后勤业务、行政、训练管理等。

在新的历史条件下，军事后勤学的创新将不断深化，呈现出如下发展趋势：一是后勤理论创新不断加快，信息化战争后勤新概念、新理论不断发展，后勤理论体系更加充实完善。着眼建设信息化后勤、保障打赢信息化战争、加快后勤保障生成能力和生成模式转变，提高基于信息系统的体系作战后勤保障能力，成为军事后勤理论创新的时代课题。二是后勤理论研究内容不断拓展，随着国际国内环境的不断变化，围绕军队使命任务，更加注重探索后勤工作新的特点和规律、非战争军事行动后勤保障和军民融合式后勤建设。三是后勤理论研究方法不断发展，后勤理论研究和后勤技术研究紧密结合，带来研究方法的突破性进展，为军事后勤理论研究提供科学高效的手段。

五、军事后勤学与西方军事经典的关系

军事后勤学随着军队和战争的出现而产生，随着军队和战争的发展变化，特别是武器装备的更新、作战样式的演进、军队体制编制的变革而逐步丰富和发展。西方军事经典不乏关于军事后勤活动的论述。

古代军事后勤在工作内容、保障方式和组织体制上，都处于开创和初步发展时期，它们同战略、作战等理论融合在一起，还没有形成专门的知识门类。有关后勤活动的论述具有明显的地域特征：内陆国家的军事后勤理论强调粮

草供应的重要性；沿海经济发达国家的军事后勤理论强调金钱的重要性；草原游牧民族的军事后勤理论则强调生存条件和战斗条件的一致性。古罗马时期，号称"条条大道通罗马"，着力解决军事运输问题。《高卢战记》描述恺撒军队的给养物资基本是靠抢掠敌人解决。欧洲中世纪，骑士军团自筹自备物资。16世纪，欧洲军队中出现商贩供应制，军队出征时，随军商贩在途中向军队兜售日用品。

近代工业革命的兴起使军队武器装备发生了重大变化，火器的应用逐渐成为军队的主要作战手段，军队所需物资随之由粮草为主逐步转变为以弹药、工程器材为主，后勤保障方式以就地就近取给为主逐渐转变为以后方供应为主。顺应这一发展，专门从事后勤保障的部门和机构在军队中随之产生，并逐步成为相对独立的系统，而且其拥有的人员和装备在军队中所占比例逐步增加。要建设和运用好这一系统为保障作战服务，迫切需要科学的理论指导。不少军事家开始将后勤作为独立对象来研究。19世纪，克劳塞维茨在《战争论》中把后勤归结为除战略、战术以外的另一类专门学问来论述。若米尼在《战争艺术概论》中首次提出"后勤学"概念，并列举出18项后勤工作的内容，包括战斗勤务和后方勤务的主要事项。但因为历史的局限性，当时还没有能够将后方勤务与战斗勤务进行清晰的学术分类，后勤学尚未形成独立的知识体系。

20世纪初至20世纪中叶，西方工业革命的成果在军事领域的应用已经达到相当水平，火器进一步发展为与机动运输工具、电子通信设备、光学器材等相结合的机械化兵器，作战规模、范围和速度大大扩展，前后方距离拉大，作战方式与以前相比发生了革命性变化，对军队后勤产生了全方位的影响。军用物资消耗结构进一步变化，卫生保障的内容和方式获得大发展，装备技术保障成为后勤的基本职能之一，军事交通运输成为后勤保障的中心环节，后勤保障方式真正实现了由就地就近保障向后方保障的变革。上述影响使后勤成为知识和技术密集的领域，世界各国相继出现了众多的专门进行后勤教育训练和科学研究的机构，后勤教育科研实践，促使后勤发展成为一门科学的

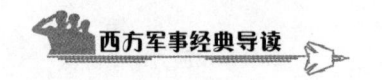

条件日益成熟。

第一次世界大战期间，美国索普的《理论后勤学——战争准备的科学》是军事思想史上第一本军事后勤学专著，提出"战略、战术、后勤三位一体结构"的论断，探讨了军队后勤在工业化时代的战争中的地位和作用，军队后勤的组织体制、领导管理方法，平时与战时的后勤准备及动员，以及加强后勤官兵的教育训练等问题。索普的后勤学理论打破了传统的后勤的狭窄概念，使后勤的外延扩大到"包括战争财政、舰船建造、军备生产，以及战争经济的其他方面等内容"，成为军事后勤理论的里程碑。

第二次世界大战后，不少国家进一步认识到掌握科学的后勤理论的重大意义，不断加强后勤理论研究，有关专著相继问世，比较著名的有美国艾克尔斯的《国防后勤学》、日本近藤清秀的《后勤概论》，军事后勤学作为一门独立的学科，逐渐为世界所公认。

第八节　军事装备学与西方军事经典

一、军事装备的含义

军事装备是指实施和保障军事行动的制式武器、武器系统和其他制式军事技术装备与器材的统称，主要指军队或武装力量编制内的武器、弹药、车辆、电子和机械装置、器材等。军事装备遵循如下发展规律：与军事需求和发展可能相适应的规律；在矛盾对抗运动中不断否定与完善的规律；渐进式发展与创新型变革交替进行的规律。

军事装备体制是指军事装备总体结构的表现形式，体现一个国家的军事装备技术水平、实战与威慑手段和军事装备发展方向，是一个国家军事装备建设水平的客观标志。包括军事装备的种类、型号、作战使命和主要战术技术性能、编配对象、配套和替代关系等。按照功能的不同可分为战斗装备体制和保障装备体制。按照作战单位的不同可分为陆军、海军和空军等装备体制。按照战略目的不同分为全球战略型、独立防务型、依托联盟型和象征力量型四种模式。按照地理环境分为濒海与岛国型以及内陆型两种模式。一个国家根据如下原则来确定军事装备体制：现实与发展相衔接；整体与局部相统一；扬长与补短相结合；系列与配套相协调。

二、军事装备保障和管理

军事装备保障是指军队为使所编配的武器装备顺利遂行各种任务，而采取的各项保障性措施与进行的组织指挥活动的统称。其任务是组织实施装备供应保障和装备技术保障，以质量良好、配套齐全的装备物资，有计划并及时、准确地保障部队作战需要。

所谓军事装备物资供应保障是指为保障部队作战需要而组织实施武器装备、装备维修器材的供应和弹药的筹措、储备、补给和管理的活动。所谓军事装备技术保障是指为保持和恢复装备规定功能而采取的各项维护和修理等技术措施的总称。

军事装备保障需要通过指挥环节来完成，装备保障指挥的基本任务是筹划和运用人力、物力，从装备物资、技术等方面，保障军队作战和其他军事行动的需要，以保持、恢复和提高战斗力。分为决策、计划、组织、协调和控制五个环节。其任务有四个：一是筹划和运用装备保障力量。二是组织计划装备保障。三是指挥控制装备机关和保障部（分）队行动。四是协调装备保障系统内外部关系。

军事装备管理是指为使武器装备得到适时补充、合理使用并保持良好状态而进行的管理。装备需要成体系管理，所谓装备管理体制是由装备管理组织机构、装备管理运行机制和装备管理法规体系构成的大系统，通常涵盖从提出军事需求到装备退役报废的全过程。包括装备调配管理、装备初装管理、装备日常管理、装备维修管理、装备退役报废管理等。

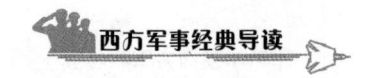

三、军事装备学及其发展趋势

军事装备学是研究军事装备活动及其规律的学科。它以军事装备活动为研究对象,主要研究军事装备活动的特点规律、基本原则、基本方法以及装备论证、装备试验、装备采购、装备保障、装备管理等,旨在为保障国防和军队建设、作战和非战争军事行动提供理论指导。军事装备学设置如下二级学科:军事装备论证学、军事装备试验学、军事装备采购学、军事装备保障学和军事装备管理学。

军事装备学的理论和知识基础分为基础理论和应用理论两部分。军事装备基础理论主要涉及军事装备的基本概念、军事装备活动的特点规律、军事装备活动的发展演变,以及军事装备论证、试验、采购、保障、管理的原则、体制、机制和方法等。军事装备应用理论主要包括:一是军事装备论证理论,包括装备发展宏观论证、装备体系论证、装备项目论证、装备专题论证等。二是军事装备试验理论,包括装备试验任务规划、程序方法、指挥体系、试验保障、试验分析与评定和靶场建设,装备科研试验、装备定型试验、装备作战试验、装备体系试验等。三是军事装备采购理论,包括装备采购计划制订、装备采购合同制订、装备采购合同履行等。四是军事装备保障理论,包括信息化条件下联合作战、军兵种作战和非战争军事行动装备保障,装备调配保障、维修保障、经费保障、陆海空军装备保障等。五是军事装备管理理论,包括军事装备管理体制与机制、原则与方法、军事装备全系统全寿命管理等。

随着新军事革命和信息化战争的不断发展,军事装备学不断创新和发展,呈现出以下发展趋势:一是军事装备理论研究领域不断扩大,随着国际国内环境的不断变化、军队使命任务的拓展,探讨军事装备工作的新特点、新规律,研究非战争军事行动装备保障、军民融合式装备建设与保障等问题成为军事装备学的新领域。二是军事装备理论研究重点更加突出,着眼建设信息化军队、打赢信息化战争,加快转变战斗力生成模式,加强基于信息系统体系作战能力建设,探讨信息化条件下局部战争装备保障的特点规律,成为军事装备学理论创新的时代课题。三是军事装备理论研究方法不断完善,计算机模拟和仿真等技术的不断发展及其在军事领域的广泛应用,将大力促进军事装备理论研究和军事装备技术研究的紧密结合,推进军事装备学的不断创新发展。

四、军事装备学与西方军事经典的关系

在人类历史上,关于军事装备的思考与战争一样久远,军事装备学是随着军事装备活动的不断实践而产生、发展和完善的。

冷兵器时代,随着刀、枪、剑等金属兵器的出现,装备的数量和技术含量不断提高,出现了攻城和守城器械,如远距离反击器械、抵御器械、烧灼器械等。同时军队开始设置专门从事管理作战器械的机构和人员。古代西方军事经典中出现对古代战场上使用这些器械作战以及管理维修这些作战器械的描述。譬如,恺撒在《高卢战记》中详细描述了战争中,将士们对武器装备的创新和发展。如:用步兵短剑取代笨拙的重剑;制造先进的盾车、木塔和海战钩刀;修建坚固的围墙等防御工事;等。古希腊色诺芬不仅从陆军装备上区分骑兵、重装步兵和轻装步兵,而且就海战的特殊性,提出"舰船坚固,就可取胜"的思想。

火药的出现及其在军事上的应用,使兵器发展进入一个新的历史时期,炮兵逐步发展成为一个独立的兵种。军事经典中出现依靠火力制胜的思想。随着近代工业革命的兴起和军事装备活动实践的发展,人们对军事装备活动的理性认识不断深化。若米尼的《战争艺术概论》认为国家要组建高标准军队,而在武器装备方面保持对敌优势则是主要标准之一。马汉的《海权对历史的影响(1660—1783年)》认为获取制海权是国家繁荣昌盛的必由之路,其途径就是建立强大的海军,而强大的海军的三大体现之一就是配有装备精良的重型战列舰。

第二次世界大战后,军事装备理论研究的深度和广度不断扩展,逐步形成了相对独立的军事装备理论知识体系,美国杜普伊于1982年出版的《武器和战争的演变》是一部出色的武器发展简史作品,系统阐述了武器和战争的演变过

程，对武器的发展和使用做了介绍和研究，而且通过研究现代武器、技术、工艺潜力的前景，预测未来战争可能的发展进程。

第九节　军事训练学与西方军事经典

一、军事训练的含义

军事训练是武装力量及其他受训对象所进行的军事理论及其相关专业知识教育、作战技能教练和军事行动演练的活动。其要素包括组训者、受训者、训练内容、训练方法和训练环境。

军事训练的本质体现在：它是部队生成和提高战斗力的根本途径；是军队和平时期最基本的实践活动；是军队履行历史使命的重要保障；是治军和管理的重要方式，对军队创新军事理论、验证体制编制、发展武器装备、促进治军管理、加强思想教育等方面建设有全面推动作用。通过军事训练，可以实现平时体制和战时体制的有机接轨、部队养成与战斗作风的高度一致、人与武器装备的最佳结合。

军事训练根据不同的标准做如下分类：按训练体制分为部队训练、军队院校教育和预备役训练。按训练对象分为士兵训练、军官训练、建制单位训练和联合训练。按训练内容分为共同训练、技术训练、战术训练、战役训练和战略训练等。按训练背景分为平时训练、临战训练和作战间隙训练。此外，还可以按照武装力量结构等标准进行划分。

军事训练总体任务是全面提高官兵的综合素质和部队的整体作战能力。具体任务包括：学习掌握军事知识和技能，研究作战对象和战场环境情况；演练作战指挥和战法，检验和完善作战预案；研究和发展军事学术，试验作战理论和编制装备；培养坚强意志、优良作风、严明纪律，锻炼强健体魄；开展全民国防教育和训练，做好战争准备。

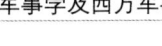

二、军事训练的规律、方针及原则

军事训练基本规律是指军事训练诸要素之间以及军事训练进程和结局之间内在的、本质的联系和发展趋势，是军事训练中各种矛盾运动的必然性。基本规律主要有：军事训练服从并服务于作战需求。组训者和受训者双向互动统一。军事训练质量水平受训练环境的制约。军事训练是循序渐进的持续发展过程。科学技术是军事训练发展的动力。

军事训练方针是组织实施军事训练的行动指南，是军队依据时代发展要求，准确把握军事训练的本质特征和客观规律，是对一定时期军事训练发展方向、基本要求和指导原则的最高概括。

军事训练原则是组织和实施军事训练应遵守的基本原则。包括训战一致、教养一致、科学练兵、保证质量、注重效益。

三、军事训练的内容及方法

军事训练内容是军事训练系统中最重要的要素，能保证训练目的的实现、支撑训练活动的开展、体现军事训练发展方向，具有时代性、科学性和针对性的特点。

共同训练内容包括共同条令、军事体育、卫生与防护、军事基本知识、轻武器射击、投弹、战术基础动作等内容。技术训练内容包括专业理论，坦克、舰艇、飞机和车辆等的驾驶技术，各种枪、炮的射击技术，各种导弹的发射技术，各种器械、器材和通信、电子设备等的操作使用、维修保养技术，医疗救护和后勤保障技术，等。战术训练内容包括战术理论及原则，作战对象的编制装备、战术思想及战斗行动特点，作战地区地形、气象、水平的特点及对战斗行动的影响，军种、兵种知识及战术运用，战斗部署和行动、战斗指挥、战斗协同、各种保障和战时指挥机关工作，等。战役训练内容包括贯彻军事战略方针，统一作战思想，演练本军种在战役行动中的方法，等。战略训练内容包括演练战略筹划、战略指挥、战略后勤保障、战略装备保障等。后勤训练内容包括后勤基本理论、后勤保障指挥、后勤专业勤务、后勤专业技术、后勤系统防卫等。装备训练内容包括装备科研试验，装备保障部署、指挥与协同，装备维修技术，等。

军事训练方法是达成训练目的手段，在军事训练中占有重要地位，它决定训练效果，影响训练资源运用，联结训练主客体。军事训练方法体系包括军事训练的组织形式和教练方法。其中，前者可按职级、专业、建制、作战编成、承训机构等进行训练。后者包括讲授、演示、观摩、练习、作业、演练和演习等。

四、军事训练的管理和保障

军事训练管理是指为了实现训练目标，按照有关法规制度对军事训练实施的管理，主要包括确定训练任务、组织训练管控以及进行训练评估等。通常采取法规规范、行政管理、质量管理、目标管理、信息系统管理法以及激励管理等方法。

军事训练保障是指为使军事训练顺利进行而在经费、场地、器材、教材、油料、弹药、勤务、信息资源、技术以及训练装备等方面组织实施的保障。其保障的方法通常包括计划、随机、现场、区域、联合等。军事训练保障遵循如下要求：需求牵引、保证质量；全面保障、突出重点；科学管理、物尽其用；勤俭练兵、注重效益。

五、军事训练学及其发展趋势

军事训练学是研究军事训练及其规律的学科，它以部队训练、院校教育和预备役训练为研究对象，旨在揭示军事训练的本质、特征和规律，研究军事训练的方针与原则、组织与管理、法规与制度、发展演变等理论，为军事训练实践提供理论指导。军事训练学设置如下的二级学科：联合训练学、军兵种训练学和军事教育学。

军事训练学的理论和知识基础分为军事训练基础理论和军事训练应用理论两部分。军事训练基础理论主要包括军事训练的本质和目的、军事训练发展演变、军事训练特点规律、军事训练方针、军事训练原则、军事训练体制机制、军事训练类型、军事训练内容、军事训练方法、军事训练法规制度,以及军队院校教育思想、教育方针、教育类型、教育模式等。军事训练应用理论主要包括各类军事训练的内容、程序、方法、标准、要求和训练管理、训练保障、训练勤务,以及各类院校教育发展的目标、基本原则、体系结构、学科专业、教学内容、教学形式、教学方法、教学标准等。

随着以信息技术为核心的高新技术迅猛发展和广泛应用于军事训练领域,军事训练学的理论研究进一步深化。在军事训练紧紧围绕能打仗、打胜仗的任务背景下,军事训练学研究呈现出如下发展趋势:一是研究领域扩大化。不仅研究作战行动训练,而且研究非战争军事行动训练;不仅研究如何提高打赢能力,而且研究如何发挥军事训练的战略威慑功能和治军管理功能;不仅研究首长机关训练和部队训练,而且研究军队院校教育和新型军事人才培养。二是研究内容体系化。战略训练、战役训练、战术训练、联合训练、军兵种训练、武警训练、后勤训练、装备训练、集成训练、合成训练、体系训练、基地训练、网络训练、模拟训练等理论研究不断深入。三是研究方法科学化。运筹分析、仿真模拟等科学方法将进一步引入军事训练研究领域,更强调定性与定量研究相结合,使军事训练理论研究更加科学。

六、军事训练学与西方军事经典的关系

军事训练学是在战争实践的基础上形成和发展起来的。古代军事训练主要是教习使用冷兵器进行格斗和演练阵法。火器发明后,一些国家建立了炮兵等技术兵种,为了加强训练,组建了军事学院,军事训练内容也转变为对火枪、火炮等武器的操练使用和线式队形作战,并出现野战、攻城和要塞炮兵等训练。19世纪中叶以后,后装线膛枪、炮的使用和舰艇动力装备的改进,引起军队编组、作战方法、军事训练的一系列变革,技术训练越来越受到重视。第二次世界大战期间,坦克、火炮、飞机、舰艇等装备大量投入使用,许多新的军兵种相继组建,陆军、海军、空军在军事训练规模、内容、方法等方

面发生了一系列变化。技术训练方面，主要是学习各种火器的射击技术，熟练掌握驾驶技术和航海技术等。战术训练方面，主要进行单兵战术、分队战术、专业战术和诸军种、兵种合同战术训练，并进行大规模的协同作战演习。第二次世界大战以后，随着原子弹、氢弹、中子弹和导弹、核潜艇、战略轰炸机等陆续装备部队，及电子技术、制导技术和激光技术在军事上的广泛应用，军事训练向更专业、更精深的方向发展，到20世纪90年代，应用于军事领域的专业技术已有2.5万余种。

随着军事训练的不断发展，不同时期的西方军事经典对各自所处时代的军事训练有所阐述。韦格蒂乌斯在《兵法简述》中阐述了军事训练的重要性，认为军事训练是克敌制胜的重要因素，提出"作战需要什么就练什么"的训练方针。莫里斯在《战略》中主张严格训练，讲究训练方法。若米尼的《战争艺术概论》本身是为埃里蒂耶大公组织指挥军事训练而编写的教材。法国拿破仑一世、普鲁士克劳塞维茨、俄国苏沃洛夫等有关正规军队训练方式和战斗运用的论述，在一些条令、教令中也得到反映，成为当时军事训练的基本依据。

第三讲

古代西方军事经典导读

西方军事经典所依托的学科体系是西方军事思想,而如前文所言,军事思想是关于战争和国防基本问题的理性认识,是军事实践的经验总结和理论概括。前文提及本书中的"西方"是指以意识形态为主,兼顾西半球地理位置而圈定的出版过军事经典的国家。因此,由其依托的西方军事思想,是这些国家关于战争和国防基本问题的理性认识,是军事实践的经验总结和理论概括。以时间为顺序,可以粗略地将其分为古代西方军事思想、近代西方军事思想和现代西方军事思想三个阶段的内容。

第一节 古代西方军事思想概述

学术界在研究西方军事思想史的时候,对古代有两种划分方法,一种包括中世纪,一种不包括中世纪,本书采用包括中世纪的分法。即古代包括公元前4000年至公元1500年。这个时期在军事上处于冷兵器时代及冷兵器与火器并用时代,最有影响力的军事思想来自欧洲的古希腊和古罗马。

一、古代西方军事思想概述

在西方,"古代",是从原始社会部落联盟性质的军事民主制阶段到罗马奴隶制帝国崩溃时4000多年的漫长历史时期。这个时期的军事思想萌芽于人类早期的军事实践活动，即部落冲突、国家与军队形成、战争爆发等，主要贯穿于军事统帅的军事实践活动中，体现在军事著作中，散见于哲学、史学、文学、法学等其他领域的著述中。古代西方军事思想以古希腊、古罗马帝国时期的军事思想为主体。古希腊、古罗马奴隶制国家在逐步发展成为庞大帝国的过程中，征战不断，绵延出数十年甚至上百年的战争。比较著名的战争有古希腊的希波战争、伯罗奔尼撒战争、马其顿时期的战争，发生在罗马的三次布匿战争以及共和国后期持续多年的内战等。这些战争从最初的个人搏斗发展到采用马其顿方阵等复杂战术作战，体现了战争形态的升级与发展，为涌现出大批杰出的军事统帅、产生有代表性的军事著作奠定了实践基础。

这一时期的军事著作同时也是历史巨著，包括古希腊希罗多德的《历史》（又名《希腊波斯战争史》）、修昔底德的《伯罗奔尼撒战争史》、色诺芬的《远征记》、古罗马恺撒的《高卢战记》和《内战记》、阿里安的《亚历山大远征记》等。这些战史性军事著作记述了希波战争、伯罗奔尼撒战争、亚历山大远征等著名战争的情况，对战争双方的军事思想、战略、战术、军队编制、武器装备等均有一定程度的反映。

到了罗马帝国时期，罗马的军事家们已经学会战争的理论总结了。奥尼山得的《军事长官指南》、古罗马军事著作家弗龙蒂努斯公元1世纪撰写的《谋略》，以及公元5世纪先后出现的韦格蒂乌斯所著的《罗马军制》《兵法简述》（《论军事》），都是著名的军事理论著作。这些军事著作对西方古代各国家、民族、地区、阶级等自阶级社会形成以来所爆发的战争，以及代表性军事人物的军事实践活动进行了系统的总结概括，论述了作战指导、军队训练、谋略运用、部队士气和将帅修养等问题，对古代西方军事思想的形成和发展产生了重要影响。其中，《谋略》作为战例汇编，记述大量成功战例，分析阐明了战争中的规律性认识，如在战争中取胜必须事先进行周密准备、正确选择交战地点和时机、编组战斗队形，运用计谋瓦解敌军，善于在交战中扩张成果等，对后人认识战争规律、提高将帅的军事指挥能力具有启示意义；而《兵法简述》则广泛吸收了军事历史著作、哲学著作、战记、宗教著作等历史文献，以及世界古代杰出军事统帅的军事实践、用兵作战思想，他们颁布的兵法手册、条令等，系统论述了罗马军团的编制、选兵用将、军事训练、军事组织、战略战术、作战指导原则、作战方法以及装备等内容，被奉为古代西方军事圣典，引领了西方世界几个世纪军事思想的发展，韦格蒂乌斯本人后来也被誉为"古典世界最伟大的军事理论家"。

古代西方军事思想具有如下基本特点：

一是阶段性。从思想复杂性上分为初级阶段和中高级阶段。从原始社会到奴隶社会的早期，社会生产力水平低下，军事实践活动简单有限，人们的军事思维能力也不发达，导致这一时期的西方军事思想具有初级性。一方面人们对战争起源及其本质等问题彰显的军事规律的认识比较肤浅和粗糙。另一方面对军事战略等军事指导规律的概括和总结数量少且限于局部。人们到了古代的中后期才逐步摆脱这种思想的初级性，进入到中高级阶段。在中高级阶段，战争中出现了"马其顿方阵""楔形战阵"等较复杂战术的运用，日益复杂的战争实践使人们以更加宽广的视野观察军事领域的现象，以更加理性的态度思考军事领域的规律，出现了《谋略》《论军事》等重要军事著述。

二是神授性。人类社会较低的生产力水平决定人们对军事问题的认识处于蒙昧状态，人们会把战争发生和胜负的原因归结于"天意"，以"天象"等自然变化来决定如何布署军事行动。如历史学家希罗多德在《希腊波斯战争史》中把战争的胜负归为神的意志决定，并常以神的启示和各种先兆来解释战争。古希腊"荷马时代"长期流传着"秩序之神"战胜"混沌之魔"的理论。历史学家阿庇安在《罗马史》中明确提出"战争的进程和结局受天命和神奇的影响"。在雅典和斯巴达的西西里战争中，海上强国雅典最后一支海上舰队的覆灭是因为出现月食而延缓了退兵时间，进而导致了全军被歼灭。

三是史实性。与古代中国从战争实践中抽象概括出原则规律等理论的做法不同,古希腊罗马军事家重视对战史的研究,通过对战争的起因、过程和结局等进行描述和反思来总结战争经验教训,把历史和军事合二为一,一部历史巨著往往同时是一部军事著作,如古希腊希罗多德的《希腊波斯战争史》、修昔底德的《伯罗奔尼撒战争史》等。

古代西方军事思想主要体现为如下内容:

一是陆海并重。希腊和罗马地处地中海沿岸。地中海是当时重要的贸易通道,希腊人和罗马人在战争实践过程中逐渐认识到要想夺取战争的胜利,必须协调发展陆海军的力量。如在布匿战争中,罗马人在海上击败迦太基人,赢得制海权后,就在战争中立于不败之地。而汉尼拔即便在罗马土地上畅行无阻,仍然不能击败罗马,最后还是被罗马拖垮。

二是进攻至上。希腊人和罗马人崇尚进攻,不论是在进攻战中,还是在防御战中,希腊人和罗马人都力求进攻,如当恺撒和庞培的联盟破裂后,恺撒率先向在罗马的庞培发起攻击,最后打败庞培,成就霸业。

三是力量制胜。希腊的奥林匹克运动以及罗马人对角斗场的痴迷都反映了当时社会对力量的重视,反映在战争中就是崇尚力量制胜,双方作战主要凭借的是国家的实力,及士兵的技术、体力以及忍耐力。如,斯巴达对士兵的体质非常重视,体弱多病的婴儿被遗弃,男孩从7岁起就住在兵营里接受训练。国家实力包括经济这一物质力量和民族特性这一精神力量。《伯罗奔尼撒战争史》阐述了经济在战争中的重大作用。

四是重纪严训。古希腊罗马采取方阵作战,严明的纪律和训练有素的作战技能对保持方阵秩序、取得作战胜利至关重要,军队重视纪律、严格训练,希腊人屡次以少胜多、转危为安,马其顿军队的强大与成功,离不开严明的组织纪律和训练有序的将士。

二、中世纪西方军事思想概述

从公元476年西罗马帝国灭亡到1500年,为西方的中世纪时期。此时的欧洲处于封建社会阶段，封建社会的生产方式决定了统治者需要土地，由此也产生了为统治者获取利益的对内对外的兼并战争，譬如 1096—1291 年的十字军东征、1337—1453 年的英法百年战争、1494—1559 年法国侵略意大利的战争等。同时，由于统治者与被统治者的尖锐矛盾，也产生了镇压农民起义的战争，如英、法、德等国广泛发生的农民起义等。这些军事实践又产生了具有时代特色的军事人物和军事思想。但是，由于中世纪教会处于统治地位，社会创新力受到制约，军事思想总体发展比较缓慢，少许的思想火花主要体现在拜占庭帝国的军事思想中。西罗马帝国灭亡后，拜占庭帝国力图收复西罗马帝国的失地，开始在东西两个方向上进行作战。在一个多世纪的战争中，拜占庭涌现出了贝利撒留、纳尔塞斯、希拉克略等著名军事家，也产生了一些有影响力的军事著作，如莫里斯的《战略》和利奥的《战术》，被欧洲军队长期视为军事教范。

中世纪的军事思想主要有如下特点：

一是宗教至上的战争观。在基督教国家，教会成为永恒的主宰者，这使战争以及战争指导带有浓厚的宗教色彩。战争的起因、决定战争胜负的因素等战争问题都蒙上宗教色彩，人们认为是上帝之手在操纵着战争的一切。战争是人类的原罪过程，战争是为了实施基督教的教义，让世界基督教化。十字军东征就是这种宗教战争观的集中体现。

二是以骑士和雇佣军队为主的建军观。公元 378 年在阿德里亚堡之战中，哥特骑兵大胜罗马步兵兵团，从此骑兵成为军队的主体。中世纪前期，封建主根据君主或自己领主的要求，率领其藩臣和仆从服兵役，骑士对封建主效忠。由于骑兵在社会上的显赫地位导致骑士文化盛行，该文化的核心是英雄主义，乐于冒险，敢于接受挑战，在军事上表现为提倡正面作战、注重进攻，轻视诸如机动包围、集中兵力攻敌弱点等思想。中世纪中后期，封建主招募大批雇佣兵为其服务，对雇佣兵而言，谁出价高，他们就为谁服务。

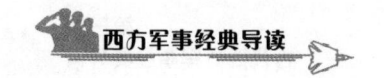

第二节 《内战记》《高卢战记》：古罗马战争实践的总结

一、作者生平

盖乌斯·尤利乌斯·恺撒（Gaius Julius Caesar，公元前102—公元前44年），古罗马著名的军事统帅、政治家。出身贵族，历任财务官、市政官、大法官、大祭司、执政官等职。政治活动初期，支持平民派。公元前62年，任西班牙总督。公元前60年，与克拉苏、庞培结成第一次三人同盟。公元前59年，当选为执政官。公元前58年任高卢总督，统帅4个军团（后来扩充为10个军团）进军高卢，用了9年的时间，征服高卢全境（法国）、打败北方日耳曼人的入侵和当地部族的叛乱、率军两次渡海侵入不列颠。公元前49年，他率军占领罗马，打败庞培，集大权于一身，实行独裁统治，完成了贵族共和体制向君主独裁制的过渡。公元前44年，恺撒遭到元老院成员暗杀，享年58岁。恺撒死后，其甥外孙兼养子的屋大维击败安东尼，开创罗马帝国并成为第一位帝国皇帝。

恺撒一生指挥过几十场战役，大都以少胜多，出奇制胜。他的战略思想和战术原则为西方许多著名军事统帅所效法，对西方军事学术发展做出杰出贡献。他与幕僚共同著书立说，主要有《高卢战记》《内战记》《亚力山大战记》《阿非利加战记》等。其中，《高卢战记》《内战记》两部著作影响力最大，分别记述了恺撒征服高卢时和内战时期的军事和政治活动。

二、内容梗概

《高卢战记》全书8卷，前7卷为恺撒所著，记述了恺撒及其统帅的罗马军队从公元前58年至公元前52年间在高卢作战的经历。每年1卷，记述了反击日耳曼人入侵作战、统一高卢诸部落作战、远征不列颠作战以及平定高卢地区骚乱等历史事件。现存的《高卢战记》第8卷为恺撒的幕僚奥卢斯·伊尔久斯续写。恺撒在著述中通过对这些作战过程及细节的描述，体现出其如下的军事思想：

一是有勇有谋、主动进攻的指挥艺术。恩格斯曾经指出，恺撒是古代"特别喜爱攻击的统帅"。书中记载的恺撒所指挥的大多数战役和战斗，都是因其坚决果敢的进攻行动而获胜，即使有时处于不利态势，也会择机转入积极进攻状态，化被动为主动。他还十分讲究谋略，其一，重视情报环节。作战过程中，广泛派遣情报人员深入前沿勘查战场、搜集信息，甚至捕获俘虏获得精准敌情，作为选择作战方法和作战目标的可靠依据；其二，在作战目标选择上，注重避强击弱。

二是灵活机动的战术战法。根据战场和敌情的不同，分别采取集中优势兵力打歼灭战、分化瓦解、各个击破、诱敌上钩、两翼包抄等战术战法。在有利于自己的时间和地点，巧妙迅速行动，以奇制胜，迫使敌人措手不及。

三是恩威并举的治军思想。对将士嘘寒问暖、重赏轻罚，用精神关心和鼓励，以及身先士卒，在激烈的战场上指挥杀敌，使部队保持昂扬斗志。严明部队纪律，要求将士自律自制，提升部队战斗力。

四是崇尚军事技术和装备改革的创新思想。书中大量记载罗马军队在武器装备和攻防工事上的创新和发展。如用步兵短剑取代笨拙的重剑，制造先进的盾车、木塔和海战钩刀，修建坚固的围墙等防御工事，等等，恺撒对此评价很高。

《内战记》描写了恺撒征服整个高卢以后，因与罗马的巨头庞培之间关系日益紧张，终于在公元前49年爆发了内战。恺撒在意大利人民的热情支持下，经过艰苦战斗，迫使庞培逃往东方。由于它的写作手法、风格和习惯使用的词汇与《高卢战记》一致，学术界一致认为它出自恺撒之手。这部著作大约是在公元前45年开始动笔的，恺撒在第二年便被刺身亡，故只写了内战的最初两年，而没有一直写到内战结束。

《内战记》共3卷，243节。第1卷87节，涉及内战的起因及恺撒在意大利和西班牙的战况。第2卷44节，介绍了恺撒围攻马西利亚并取得胜利的经过。

第3卷112节，描写了恺撒与庞培的决战过程，以及庞培最后战败、在埃及被杀的经历。书中所体现的恺撒军事思想比其在高卢战争时期有新的发展。

首先，内战期间更重视在政治和道义上占据主动。把对内使用武力作为最后手段。开战前，先争取和平手段解决他与政治对手之间的矛盾；如为增加其在政治力量对比关系中的优势，他做了许多讨好罗马人民和军队的事情，对高卢人也极力拉拢。面对以庞培为首的罗马贵族，他一再忍让，提议和解，安插自己的代理人做工作，最后迫使对手走上践踏祖宗成法的道路，为其出兵找到借口。在战斗中，他优待被俘的敌军将士，争取各国支持。上述做法对削弱庞培一方力量，赢得战争最后胜利起到重要作用。

其次，他更重视后勤保障在战争中的作用。每次作战前，他都竭尽全力储备粮秣，作战时也以切断敌人后方补给为主要目的。他甚至希望能单纯使用切断对方粮运的办法，迫使对方投降，而不必经过战斗。公元前48年，恺撒以相对薄弱的兵力在迪拉基乌姆一带包围了庞培的主力，便是依靠断绝水源的办法削弱敌军的战斗力。

最后，他善于积极调动军队以掌握战场的主动权。本书中所描写的许多内战战例都是阵地战或攻坚战，恺撒取得了不少胜利，但与庞培主力的最后一场决战中，他则依靠不断的行军来使不能吃苦耐劳的庞培军队疲于奔命，使其处于不利的作战地形，最后一举将之击溃。

三、后世影响

《高卢战记》和《内战记》出自大名鼎鼎的古罗马帝国奠基人恺撒的亲笔，既是古罗马历史名著、拉丁语黄金时期的散文代表作，也是富有战略、战术的兵书，对西方史学界、文坛和兵家，都产生了巨大的影响。

首先，在历史方面，这两部巨著以恺撒亲眼所见为基础，记载了公元前1世纪西欧社会的情况，如在当时高卢地区生活的各民族的风土人情和山川形势，以及高卢和日耳曼各地区从氏族公社逐渐解体到萌芽状态国家出现这段时间里，政治、社会、风俗和宗教等情况，是翔实的有关高卢、不列颠以及日耳曼等地区的第一手资料。因此,恺撒的著作是研究古罗马史的重要文献,具有极高的史料价值。恩格斯在《家庭、私有制和国家的起源》《论日耳曼人的古代历史》等著作中,就曾大量引用过。

其次,在语言方面,它们是学习和研究拉丁语的阅读资料和范文。拉丁语是意大利语、法语、西班牙语等现代语的母语,它对英语、德语、俄语等其他西方现代语,以及对各国拼音文字有巨大影响,一直以来被许多欧美国家视作文学用语。恺撒的这两部著作用拉丁文写成,常被现代欧美国家的中学列为拉丁语学习的阅读材料和范文使用。

再次,在文学方面,两本书体现出的写作风格受到不同时期读者的喜爱,其写作风格表现为:写作目的务实明了,叙事情节翔实精确、高低错落,文笔清晰简朴、平铺直叙,还有极具特色的第三人称写法,等。

最后,在军事方面,有学者认为恺撒的这两部著作是唯一的战地指挥官详细记载的古代战争史。这两部著作是对公元前1世纪古罗马军事活动,特别是战争实践的经验总结,继承并发展了古希腊军事思想,体现出恺撒高超的军事指挥艺术和严格治军的特点,在古罗马军事思想发展史上占有重要地位,是世界上享有盛誉的西方军事名著。其体现出的军事领域之外的思想,如坚持和谈为先、争取社会舆论等,也深为古今有识之士所称道。从史学影响和史料价值等诸多方面来说,《高卢战记》的地位高于《内战记》。

四、著作局限

恺撒的两部著作具有如下局限性:

一是以能否满足本国奴隶主统治集团利益需求作为开启战端的标准。发起和参与一切战端都是为了维护以国家荣誉为核心的古罗马利益。如对日耳曼人开战,是为了保护罗马在高卢的盟友爱杜伊人免受日耳曼人侵犯,避免对罗马国家荣誉构成挑战。镇压比尔及和高卢,是为了维护罗马在高卢地区的统治不受挑战。两次远征不列颠,是为罗马开疆拓土等。

二是把写作当作提升自身政治威望、将军事成就转化为其登上政治顶峰

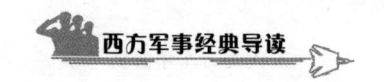

的重要资本。恺撒记述自己为国家荣誉征战的历史过程，展示自己辉煌的军事功绩与高超的指挥艺术，使自己在罗马人民面前威望大涨，为其最终的独裁统治打下了民意和政治基础。

三是神学思想是恺撒在进行高卢战争中运用的重要思想武器，它不仅为发动战争找到了借口，同时对恺撒本人以及他所带领的军队和对手都产生了重要影响。

四是对部分战争进程的记述存在主次颠倒、轻重失当的现象。譬如，对战事经过描写具体、细致，但对决策过程和战略意图记述却少之又少，有的甚至出现失误。譬如，在《内战记》第59—60节中，详细阐述了一场没有发生的战役的阵势布置，却对决定全局胜败的塔普苏斯战役没有详细叙述。

五是语言文字表述方面，虽然清晰简朴，但是不够优美和规范，使用的词汇比较贫乏，而且还夹杂了许多希腊字和土语，十分不规范。

五、作品启示

尽管历史久远，恺撒的《高卢战记》《内战记》仍可给我们以有益的启示：

一是战争十分残酷，使用武力应该是解决矛盾的最后手段。譬如，《内战记》记述的发生于庞培和恺撒之间的内战，给罗马人民带来深重灾难。这场战争使罗马城居民由战前的32万人减至15万人。无数战士死于疆场，原先由他们耕种的土地被奴隶主乘机兼并。奴隶主将战士的遗属赶出家园，使他们流离失所、生计难维。与此同时，将领们为维持作战经费和个人物质欲望，对行省百姓搜刮抢劫，导致城市债台高筑、乡村田地荒废，整个国家到了山穷水尽、财尽民困的地步。触目惊心的场景，使读者对战争残酷性产生深切体会和感触。

二是战争正义性应该有一个客观标准。恺撒执掌军团而决策开启或参与的诸场战争，无论是反侵略作战还是侵略战争，无论是国家间作战还是国内战争，其理由都是为维护所谓国家荣誉和利益。这就使发动战争的人将自己的价值判断作为战争是否正义的标准。以此为标准，任何统治者都可以找到理由发动战争。所幸，这种局面由 1945 年《联合国宪章》终结，其规定的和平解决争端和禁止使用武力原则，使国际社会对"什么是正义的国际战争"有了一个客观标准，即只有国家在遭受武力侵犯行使自卫权和联合国授权使用武力时，战争才是正义的，要想人类减少因战争带来的灾难，各国需要忠实履行《联合国宪章》规定的义务。

三是军事指挥、作战方法以及军队建设的启发。其一，关于战争指导。为赢得战争胜利，政治、外交手段和军事打击应该并用，或恩威兼施迫敌不战而降，或分化瓦解、各个击破，或促敌自相残杀而坐收渔利。其二，关于作战方法。作战指挥的要旨在于选择时机、集中兵力、迅速行动、果敢进攻、击敌要害。其三，关于军队建设。将帅身先士卒是胜利的源泉。必须让部队了解征战的意义，培养士兵遵守纪律的自制能力，战前必须对部队进行动员，战后则必须对部队进行讲评，奖优惩劣。

图书信息

《内战记》

[1][古罗马]凯撒，著．任炳湘，王士俊，译．《内战记》．北京：商务印书馆，1986 年出版．

[2][古罗马]盖乌斯·尤利乌斯·恺撒，著．李艳，译．《内战记》．北京：中信出版集团，2019 年出版．

《高卢战记》

[1][古罗马]凯撒，著．任炳湘，王士俊，译．《高卢战记》．北京：商务印书馆，1979 年出版．

[2][古罗马]盖乌斯·尤利乌斯·恺撒，著．王晋，译．《高卢战记》．北京：中信出版集团，2019 年出版．

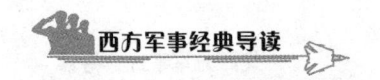

第三节 《谋略》：运用战例阐发军事思想的典范

一、作者生平

《谋略》是古罗马著名军事著作。作者塞克斯图斯·尤利乌斯·弗龙蒂努斯（Sextus Julius Frohtinus，约35—103年），是古罗马政治家和军事理论家。公元70年任市行政长官，先后任罗马城执政官、不列颠行省总督、亚细亚行省总督等职。任不列颠行省总督期间，组织指挥平息了威尔士地区西卢尔人起义，还在征服地区修筑公路。在任职渡槽总监期间，治理水利声名卓著，还撰写了《论罗马城的供水问题》一书，彰显了他履行职责、鞠躬尽瘁的忠诚公仆形象。弗龙蒂努斯一生写有多部军事理论著作，大部分已散失，流传至今的仅存《谋略》一书。

二、内容梗概

《谋略》全书共4卷50章，分类详细，举例达581条。前3卷为弗龙蒂努斯撰写，后1卷由后人补写。该书引用古希腊、古罗马各次重大战争做战例，介绍大流士、恺撒、居鲁士、腓力、亚历山大等著名统帅在战争中的谋略运用，内容涉及作战用兵的各方面，是对古代战争特点和规律的总结，具有军事指挥和军事史学学术研究价值。是一本传授战争中克敌制胜经验的谋略书籍。

《谋略》第1卷是关于交战前使用谋略的各种实例，共12类。依次为：隐蔽己方计划；刺探敌方计划；择定作战方式；率军通过受敌威胁地方的方法；摆脱困境方法；途中设伏和遭埋伏如何应对；如何掩饰物资匮乏或怎样补足；分散敌人精力；平息兵变；遏制不合时宜的求战欲望；如何激励军队的作战热情；如何消弭因不利的先兆而在士兵中产生的恐惧心理等。

《谋略》第2卷列举了与交战本身有关以及对制服敌人有影响的实例，计13类。依次为：选择交战时机；选择交战地点；交战兵力之部署；在敌人队伍中制造混乱；设伏；欲擒故纵，利弊出现困兽犹斗之势；不露败绩；倾全力，振士气；若主战斗顺利结束，如何了结未竟之战；见兔顾犬，亡羊补牢；坚定动摇分子的信心；为将者对自己的部队失去信心时，为稳定阵脚应做些什么；退却。

《谋略》第3卷涉及围困和解困的谋略，计18类。依次为：出敌不意；示假隐真；策反用间；饥敌；因事制宜，因情措法；声东击西，调动敌人；断河毁水；惊敌；攻其无备；诱敌入瓮；佯撤；提高警觉；传送情报；调用增援和供应粮秣；明示充裕之形，暗隐短缺之实；反间；出击；临危镇定，以虚充实。

第4卷是关于军人道德方面的内容，计7类。依次为：纪律；纪律的作用；自制；正义性；坚定性；善意与机巧；其他。

书中用以说明各类谋略的实例，每一类下面列举多少不一，多者40余例，少者3–5例。

《谋略》实为一本与战争有关的各种军事活动特别是谋略实例的分类集。该书通过对大量史例的引证，着重阐明了以下重要思想：如果要在作战中取胜，必须进行周密准备，包括正确选择交战地点和时机，认真部署战斗队形，运用计谋瓦解敌军。强调谋略运用对于争取战争主动权乃至作战胜负的决定性影响；重视兵力集中与分散问题、军人士气纪律的地位和作用等。此外，书中还对纪律在赢得胜利中所起的作用做了一定强调。

三、后世影响

作者把他搜集来的有关古希腊和古罗马时期的丰富多元的战例进行整理归类，之后写下了这部著述，借以阐述他认为正确合理的作战制胜机理和充分利用战果的方法。运用实例研究阐发军事思想，这一方法在西方有着久远的历史，《谋略》可以说是这方面最早的代表作之一。书中丰富的战例和作者编辑归纳战例过程中体现出的军事思想，成为古代西方军事思想的重要组成部分，指导了当时古罗马将帅们的军事实践，提升了他们科学运筹和实施作战行动的能力，也对欧洲漫长的中世纪和文艺复兴时期的战争实践产生重要

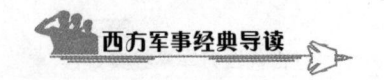

影响，为后世各代将士所借鉴。其受到欧美军事学术界的重视，也成为各国研究古罗马帝国军事思想的珍贵文献。

四、著作局限

基于意识形态和认识能力等方面的原因，该书有如下局限性：一是部分观点体现出宿命论特征，这和作者生活的时代有关。古希腊文化中宿命论观点随处可见，作者在其兵书中体现出这种倾向不足为怪。二是阶级局限性。受到来自奴隶主统治阶级立场的影响，作者书中的描述具有剥削阶级尔虞我诈、掠夺兼并、弱肉强食政治的深刻烙印。三是历史局限性。受古代社会基础和科技条件的制约，作者观点具有明显的历史局限性。基于此，阅读本书时须结合当时的历史情况和作者的认识能力的局限加以辨析。

五、作品启示

阅读此书可以给我们如下的启示：一是世界不同地区战例体现出的包括谋略在内的军事指导规律具有共通性，可为任何地区和时代的将士所参考。譬如，尽管《谋略》成书于古代，但书中概括出的大量运用兵力的方法，如出敌不意、示假隐真、声东击西、策反用间、攻其不备、诱敌入瓮等，与中国古代的军事谋略思想不谋而合，反映出带有共性的军事指导规律的内容。为此，其他地区或不同时代的将士均可以将其作为研究兵法的文献，回顾和深化把握适用于一些作战行动的基本规律。二是尽管本书是多类以及几百个史例的集锦，但其隐含的核心精神可为后来者重点把握。主要有：

1. 做好战前准备。包括四项工作：①制订和完善作战计划并防止失泄密，同时尽可能通过情报手段获知敌方的作战计划。②根据双方实力对比等因素选择合适的作战方式。③采取一切必要手段确保兵力调动的顺利和安全，同时对敌人兵力调动设置各种障碍。④激发将士的战斗热情，保持昂扬士气。

2. 做好战中指导。包括四个方面：①选择正确的作战时机和地点。②进行避实击虚的兵力部署。③控制和主导战争节奏和进程。④重视战后的决策和军事行动。

3. 重视进攻和防守城池的谋略。①灵活运用"出敌不意""策反用间"等战法进攻城池。②灵活运用"反间计"等战法解除围困。

4. 严明军队纪律及重视将帅品德。①严明的纪律是克敌制胜的基本保障。②将帅的品德是保证战争取得胜利的重要因素。

图书信息

[1][古罗马]塞·尤·弗龙蒂努斯，著. 袁坚，译.《谋略》. 北京：解放军出版社，1991年出版.

[2][古罗马]塞·尤·弗龙蒂努斯，著. 袁坚，译.《谋略》. 北京：解放军出版社，2014年出版.

第四节 《兵法简述》：古代西方杰出的军事理论著作

一、作者生平

《兵法简述》，又名《论军事》或《罗马军制》，作者弗拉维乌斯·韦格蒂乌斯·雷纳图斯（Flarius Vegetius Renatus，约4世纪末—5世纪），古罗马军事著作家，贵族出身，罗马帝国的高官显宦。公元4世纪末的瓦伦提尼安二世统治期间，罗马帝国军事实力日趋衰落（西罗马于公元476年灭亡），出于爱国情怀和对罗马帝国昔日军事荣耀不复存在的担忧，韦格蒂乌斯向社会大声疾呼，应通过军事改革恢复罗马昔日严于练兵、勇于作战的精神，却遭到冷落。于是，韦格蒂乌斯根据罗马作家大加图及皇帝奥古斯都、图拉真等留存的资料，收集、整理和研究古希腊特别是古罗马丰富的兵法手稿和条令，在总结军事

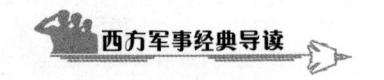

历史经验的基础上写成这本著述。他自己说，写作这本书的目的是综合归纳出使罗马帝国强盛的军事惯例和智慧，服务于罗马。《兵法简述》属于文艺复兴前探讨军事问题的重要理论专著，韦格蒂乌斯因此书的问世，在欧洲军事学术界享有盛誉，被西方人誉为"古典世界最伟大的军事理论家"。

二、内容梗概

《兵法简述》全书共5卷，118章，着重探讨了兵员的征召、训练，军队的编成、战斗队形、作战基本原则、防守和围攻要塞的方法以及海战的基本原则等问题。第1卷论述新兵的募选和操练。第2卷论述罗马军团的编制体制及其指挥官素养。第3卷论述战略和战术问题。第4卷涉及筑城的进攻和防御。第5卷论述海军及其运用。其主要思想体现在以下几个方面：

（一）强调"只有武艺精湛，熟谙兵法，训练有素，才能确保胜利"

作者在正文的第一句就精辟地指出："战争的胜利并不完全取决于人多势众，或者说作战凶猛；只有武艺精湛，熟谙兵法，训练有素，才能确保胜利。"为了达成这一目标，必须做到：

一要认清军事训练的重要性。通过反思罗马人在布匿战争中的战果来强调军事训练的重要性：重视军事训练，就能克敌制胜。反之，就会失败。

二要掌握募选新兵的要领。军事训练的前提是募选到合格的新兵。募选新兵时，应考虑新兵的居住地区、出身、职业、年龄、身高、品质以及长相等，确保选来的都是身体和精神皆优秀的青年。倡导从温带气候国家的农村中征召那些身强力壮、有使命感、敢于奉献的年轻人当兵。

三要掌握训练新兵的要领。提出作战需要什么就练什么的训练方针，强调全面训练，要求军人熟练运用武器，具有强壮的体魄和坚强的意志，通过长期艰苦的野外训练，掌握杀敌本领。

（二）注重创建组织精良、克敌制胜的军团

认为军队是各军团和辅助部队以及骑兵为战争需要而进行的组合，由武

器和武士组成，包括骑兵、步兵和海军三部分。骑兵分两部分：一部分隶属于军团，叫军团骑兵；一部分独立于军团，直接隶属于军队。

军团应由健全的军兵种组成。作者认为，军团是一个根据作战需要配备健全军兵种的全编制大队。罗马当时的军兵种包括骑兵、步兵和海军三部分，他们之下又分别配备各自的分支。军兵种各司其职：骑兵保卫平原、海军保卫大海和河流、步兵保卫城市以及山冈和平原等。平时，军兵种之间应协调一致地构筑营地、操练兵阵，战时应实现协同作战。

军团应确立合理的编制体制。作者认为军团应该由保民官、先锋将军、棋手、号手等不同职能的人员和多种装备组成。其中，就人员编制而言，应有10个大队，每个大队根据职能配备不同数量的步兵和骑兵，要对军团人员素质有具体要求。譬如，最重要的第一大队成员，应在出生门第、教育程度、外表仪容、勇敢无畏等诸方面均无可挑剔。

军团应由训练有素的精兵组成。战时，兵不在多，规模不宜大，军团应该由训练有素的精兵组成。

（三）认为具备优秀素养的将帅是克敌制胜的重要因素

将帅位高权重，国人的命运、捍卫城邦的责任、军士的生命、国家的荣誉都关联于他的忠诚和勇敢，因此，他的品质和才能至关重要。

一要知己知彼，把握主动。将帅既要了解敌人，又要了解自己的部队，做到知彼知己、百战不殆。同时，精选富有经验的保民官，训练所属人员熟练使用武器，根据敌我双方情况，制订合理的作战计划。

二要科学地排兵布阵和选择战法。古罗马多为阵地战，因此，作者重视战役中对战斗队形的编排和作战样式的选择。详细阐述了罗马军团战斗队形的编成和特点，强调增大纵深的重要性，同时指出，指挥官要根据战场情况，灵活选择作战样式。

三要具备指挥官优秀的品质。即指挥官要英勇善战、秉公执法、殚精竭虑、严于律己、当机立断和能激励士气。

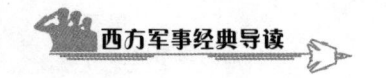

（四）总结了交战或征战应遵循的规则

作者概括了他认为应遵循的33条交战或征战规则，对后世的将帅治军、率军作战具有直接指导作用。具体包括：人多势众不如骁勇善战；训练有素，应在两翼开启战斗；在战斗中，有利的时机通常较之胆量更值得依赖凭借；决不要让你从未实地考察过的人去面对敌阵；等。

三、后世影响

《兵法简述》是罗马帝国时代撰写的对后世有影响力的军事理论著作。该书完成后，在当时并未产生巨大影响，而是迟至中世纪后期，随着重装骑兵的衰落和步兵的兴起，才引起军事界的广泛重视。该书传播广泛，在印刷术传入欧洲之前，便被翻译成英、法、保加利亚等多种文字，有150多种不同的抄本。1473年，荷兰乌得勒支出版了第一个印刷文本。此后，在科隆、巴黎、罗马和卡克斯顿等地出现了不同文种的印刷本。仅在19世纪和20世纪的德国就出版了40个版本，几个世纪里欧洲军界奉其为军事经典。奥地利元帅利格尼亲王称之为金子般的书，"狮心王"理查德像他父亲亨利二世一样，在征战时携带此书，美国将军托马斯·菲利普斯将其称为"自古罗马时期到19世纪，西方世界影响最大的军事专著"，美国的汤普森也认为：这是古代留给我们的最重要的一部军事著作。法国的《军事综合评论》和美国的《步兵杂志》1938年都曾刊登过相关文章。1930年，美国有些杂志上发表了许多称赞韦格蒂乌斯的文章，推崇其为古代最杰出的军事作家。

四、著作局限

尽管该书具有卓越的历史影响力，但其局限性也非常明显：

一是文中渗透着皇权和神权思想。作者指出，该书写作的目的是服务于罗马。他希望自己的研究成果能得到万能的和战无不胜的君主的赏识和认同。因此，在阐述观点的时候，一直以向皇帝汇报的语气展开。如"我祈愿陛下能在这个小小的卷本中找到您认为在处理至要至切的事务时不可阙如的内容""陛下是除神之外，人类尤其应当尊重和崇敬的对象"。同时，认为每个新兵一旦加入军团，"要以神、基督和圣灵的名义立下誓言"，由于皇帝是神的意志的代表，所以，"他的臣民应对他表示忠诚和崇拜"。

二是思想认识深度不够。虽然作者试图通过总结古代作战经验为衰落中的罗马找到恢复军队战斗力的办法，但由于其认识的局限性，没有认识到奴隶制的解体才是罗马衰落的真正原因。因此，不少议论缺乏应有的深度，所梳理的古代战争艺术最终不能成为挽救罗马帝国的良药。

三是时代的局限性。作者所处时期是古代，武器，即作战的基础均是冷兵器，其描绘的安营扎寨技能、骑兵的训练、长矛和弓箭的使用等，在信息化战争时代已失去借鉴价值。

五、作品启示

尽管有着时代和立场的局限性，《兵法简述》仍会给我们提供一些有益借鉴和启示：

一是重视军事训练。作者认为，军事训练是克敌制胜的关键，通过军事训练，军队人员可以获得战斗技能、提高军事素养、增强战斗精神、练就精兵之师。

二是重视征兵及新兵训练工作。征兵时考虑兵源的所在地区、年龄、身高、身体素质、相貌等。按照作战需求进行训练，确保新兵综合素质优秀，并被训练成具有综合作战技能和品质的战士。

三是军队编制和人员职能确定，按照战争需要设置部队人员构成，做到精锐、高效。军团的不同军兵种平时要一起驻扎和训练，战时要协同作战。

四是军事改革是世界军事发展史上的经常性现象。世界军事大国根据国家战略和军事战略的调整，围绕建立决策更科学、管理更高效、指挥更便捷的军事组织体系这一主线，不断推进改革。军事改革同时又是极其复杂的现象，它是国家和军队领导层针对军事组织出现的矛盾和问题主动进行的较大幅度、较为深刻的调整，是对军事组织的重大而有序的改造。军事改革既有规律可循，

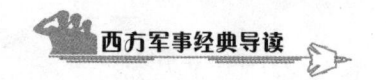

同时又是一个需要创新设计与强力推进的过程。书中所体现的改革实践说明，唯有不断正确地革新，军队才能逐步走向强大。

图书信息

[1][古罗马]弗拉维乌斯·韦格蒂乌斯·雷纳图斯，著．袁坚，译.《兵法简述》.北京：解放军出版社，1998年出版.

[2][古罗马]弗拉维乌斯·韦格蒂乌斯·雷纳图斯，著．袁坚，译.《兵法简述》.北京：解放军出版社，2015年出版.

第五节 《战略》：东罗马战术理论的巅峰之作

一、作者生平

《战略》又译作《将略》，作者莫里斯一世（539—602年）为拜占庭帝国的皇帝，著名军事家，东罗马军事体系的奠基人，出生于拜占庭帝国卡帕多西亚的阿拉比苏斯地区。历任罗马近卫军长官和东境军事主官，582年加冕成为罗马皇帝，602年死于兵变。作为将军和皇帝，莫里斯曾于东部边境和多瑙河流域屡次获得胜利。公元579年左右，莫里斯担任拜占庭军事主官，受皇帝提比略二世之命改组罗马军队。于是，他在总结6世纪拜占庭帝国军队作战经验的基础上，吸收韦格蒂乌斯《兵法简述》中所总结的古罗马军队的经验写成这本书，希望为那些在前线担任指挥官职务，但又缺乏经验的指挥官提供一部指导手册，来推进军事改革。该书流传后世，成为拜占庭时期保存较完好的标志性战争艺术著作。

二、内容梗概

《战略》全书共 12 章,重点论述了军队的编制、武器装备、训练、队形编成、作战方法、战斗保障和各民族进行战争的特点等。第一章《概述》、第二章《骑兵战斗队形》、第三章《骑兵营的阵型》、第四章《伏击》、第五章《行李纵列》、第六章《各种战术和相关训练》、第七章《将道:将军必须考虑的要点》、第八章《总体指导及军事格言》、第九章《奇袭》、第十章《围攻》、第十一章《各民族的特点和战术》、第十二章《步骑混合阵型、步兵阵型、营地图示以及狩猎》。

该书内容较为丰富,其基本思想体现为以下几个方面:

一是强调军队和国防建设的重要性,并要求突出重点。认为战争胜负关系到国家的存亡,而军人是国家的"柱石"。为了国家的生存,要重视军事和国防建设,坚持同国内"叛乱"和外敌入侵做斗争。把骑兵尤其是重装骑兵作为建设重点,主张拥有较多骑兵、较少步兵。强调骑手应装备精良的防护器具和武器,骑兵与步兵联合编组、协同作战。强调建设庞大舰队,夺取地中海霸权,增强滨海城防,以对付强大的阿拉伯海军。重视建立军区制,强调农民和士兵对国家长治久安的重要性。

二是重视通过训练培养将士战斗技能和昂扬斗志。主张严格训练,讲究训练方法。认为训练包括单兵训练、分队(中队)训练和部队合练。训练的目的是熟悉战斗队形、实施协同进攻和各种地形条件下的战斗机动,培养军人精准的战斗技能、顽强的战斗毅力和昂扬的斗志。

三是重视军队组成和队形编成。认为军队可按战术用途由以下人员组成:侦察兵、勘察兵、造营兵、先驱兵、后援兵、战斗线、殿后兵和预备队。行军队形要根据不同路线和敌情编组。编组战斗队形要考虑地形特点和敌军数量与队形,应由两线(每线三四列)和预备队组成,以保持必要的纵深。

四是重视将帅的军事素养和才能。指出,平时将帅要为士兵配置合理的武器,通过组织训练,使士兵熟练运用武器。战时,要运用不同的指挥方法,

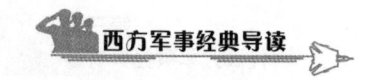

有效组织部队，使士兵快速进入作战状态。同时，要具备根据地理环境和敌情编组行军队形、保障粮秣供应和确保军队行军及驻扎安全的能力。

五是主张灵活运用战法，强调行动的突袭性。强调作战运用计谋以及行动突然性的重要性，指出"不必总是与敌人进行直接战斗，最好是用计谋打败敌人""要很好地利用突然性，广泛开展伏击战"。作者还重视各种战法的运用，对夺取主动权、先机制敌、夜战、及时发展和巩固战斗成果、周密组织反攻、机智地消灭被围之敌等问题，做了详尽阐述。

三、后世影响

作者在《战略》一书中并未对战略和战术做严格区分，从内容上看，本书着重探讨战术问题。因此，它不是一部战略法典，而是一本代表当时西方较高学术水平的战术著作。书中所描述的骑兵阵型和战术，所体现的诸兵种协同作战思想，直到二战之前都可以算是先进的。可以毫不夸张地说，正是这部《战略》奠定了拜占庭时期罗马军队领先于其他民族的组织结构和战术体系，为罗马帝国继续屹立将近千年时间，在战争艺术层面打下了坚实基础。

此书配合着莫里斯的军事改革，成功地使罗马军队褪去的野蛮联军形象，恢复到重新拥有战斗力的强悍军队。书中体现的军事思想也被后人所学习和充分肯定，成为后世研究者了解6世纪末期至7世纪前期罗马军队面貌的重要文献。20世纪最伟大的军事理论家约翰·富勒认为：罗马人在军事理论上的成就，西欧人直到18世纪都无法与之比肩；而由两位皇帝——莫里斯一世和利奥六世分别所著的《战略》和《战术》两本书，便是东罗马军事理论发展史上的高峰。后者是在参考前者基础上完成的，可以说是前者的增补更新版本。

四、著作局限

《战略》一书在立场、结构和表述方面存在一定局限性：

一是神权思想贯彻始终。从基督教教义中寻求发动战争的理由，以维护基督教为使命，用宗教信仰激励将士士气，力图把拜占庭士兵塑造成基督教卫士，令他们为宗教信仰而战斗。

二是全书结构繁杂混乱。似乎因为作者精力不足的问题，本书结构十分繁杂混乱，有的章节写得完整而详尽，有的则随意简陋。

三是语言多元而混杂。由于当时罗马官方语言正处在由拉丁语向希腊语转换的时候，同时军队又尚未彻底摆脱蛮族兵源的影响，这部书使用古希腊语写成的同时还夹杂大量的拉丁语，甚至有日耳曼语的词汇和口令。

四是原著中用来说明阵型的图示，因古代条件所限，其形状和格式都比较模糊和怪异，不能完全代表实际阵型情况。

五、作品启示

自3世纪起，因内乱、经济衰退和蛮族入侵等原因，导致曾经辉煌的地中海地区的由重步兵组成的罗马军团，转为由蛮族盟军和将领家兵组成的骑兵部队，他们各自效忠不同的领袖，使用不同的战术，挑战皇权的地位。而最终结束这种局面，使罗马军队回归正轨的正是莫里斯的军事改革，而《战略》则是为推进这次改革而撰写的指导性手册。本书最值得肯定的是作者立足于当时罗马军队存在的各种弊端，找到良药，对症下药，使得病的罗马军队逐步康复。譬如，作者将原军团适用于重步兵的三线战术队形，改为适用于重骑兵的二线战术队形。立足于罗马国库匮乏、军队信心不足的衰落现实，不强调攻势行动，最多限于突袭和牵制等行动，主张尽量以不战而屈人之兵的办法与敌军对抗，尽可能节省捉襟见肘的帝国资源。立足于军团士兵素质下降的现实，强调通过训练培养作战技能和战斗精神。把士兵的性质从私有转为国家所有，以增加对其掌控度。为全体罗马军队制定统一的编制体系和大战术等。

正是因为作者立足现实推进改进的务实思想和做法，使罗马军队重新拥有了固定的战术、编制以及严格的纪律，可以运用不同的战术对付西欧蛮族

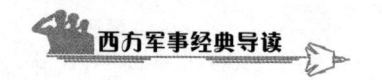

单一的战法。6世纪的史学家狄奥法纳斯为此评价道:"《战略》的作者纠正了错误的事情,用秩序代替了混乱,让所有事情走上了正轨"。

《 图书信息 》

[拜占庭]莫里斯一世,著.王子午,译.《战略:拜占庭时代的战术、战法和将道》.北京:台海出版社,2019年出版.

第四讲

近代西方军事经典导读——形成时期

近代是指资本主义生产方式占统治地位的时期，时间从1500年至1945年第二次世界大战结束，军事上处于火器和机械化兵器时期，并已开始出现和运用核武器。近代西方思想的发展以克劳塞维茨的《战争论》问世为分水岭，分为两个时期：1840年以前的近代西方军事思想形成时期和1840年至1945年第二次世界大战结束为近代西方军事思想发展时期。

第一节　近代西方军事思想概述

近代以来，资本主义制度取代封建制度，不仅促进了社会生产力的巨大发展，创造了前所未有的物质文明和精神文明，而且带来了军事领域的革命性变化。丰富的军事变革实践和战争实践，使得近代西方军事思想体系初步确定，并不断创新发展。

一、近代西方军事思想发展的时代基础

一是资本主义工业革命兴起和生产方式的确立奠定了近代西方军事思想形成和发展的社会基础。14世纪下半叶，资本主义生产关系在西欧封建社会内部孕育成长。1640年，资产阶级革命率先在英国爆发，之后席卷全球，资本主义

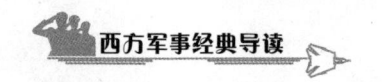

生产方式和政治制度在世界范围内确立，随后无产阶级走上政治舞台，使得人类社会在各个方面发生了深刻变化。这在客观上要求资产阶级拥有强大的军队，进而促进军队雇佣制的废除和普遍义务兵制的建立，导致新的作战方式的出现。两次工业革命的完成，使资本主义社会由"蒸汽时代"进入"电气时代"，一方面直接推动军队武器装备的更新、人员素质的提高和体制编制的改进，对军队作战方式的变革产生根本性的影响，为新的军事理论的问世准备了条件。另一方面大大开阔了资产阶级军事理论家的眼界，使得军事学术的研究空前活跃。

二是科学技术的发展与运用奠定了近代西方军事思想形成和发展的科技基础。机器大工业的建立促进了自然科学的腾飞、技术革命与工程技术的广泛应用。前者中最突出的成就是19世纪中叶自然科学领域的三大发现"能量守恒和转化定律""细胞学说""进化论"，以及更广阔领域的突破性成果：物理学中相对论的创立、化学领域中化学元素周期律的发现以及生物学中条件反射理论的提出等。后者中突出的成就是蒸汽机的发明与运用，推动了交通运输工具的革新，而电力能源与内燃机的发明与运用，拉开了电力应用的序幕。上述发展直接影响和推动了军事领域的变革，为军事思想的创新提供了持续的技术支持。

三是思想文化领域的解放与进步奠定了近代西方军事思想形成和发展的理论基础。随着资本主义的发展，近代思想文化领域发生了深刻的变革，其中尤为突出、影响深远的是启蒙主义思想文化的兴起、德国古典哲学的形成和马克思主义哲学的创立。首先，启蒙主义思想文化涉及宗教、哲学、政治学等多领域，其蕴含的反传统偏见、反神学宗教、反封建专制的精神，对军事思想摆脱中世纪缓慢的发展状态产生了深刻影响。拿破仑、克劳塞维茨、若米尼等近代军事思想家的代表人物均受到孟德斯鸠、卢梭等启蒙思想家的影响。其次，德国古典哲学中，黑格尔的辩证法思想以及费尔巴哈唯物主义思想，对马克思主义哲学的创立以及人类思想的发展起到巨大的推动作用，同时为军事思想走向成熟提供了新的认识工具。譬如这时期的杰出代表——克劳塞维茨军事思想主要来源于康德、费希特、黑格尔的哲学思想。再次，马克思关于历史唯物主义和辩证唯物主义的学说是关于自然、社会、人类思维发展普遍规律的学说，首次在哲学史上正确解决了哲学和具体科学的关系问题，使哲学成为一门真正的科学。将马克思主义原理运用于军事领域的研究后，创立了历史唯物主义的军事观和科学的军事方法论，使军事思想发展达到近代的顶峰。

二、近代西方军事思想发展的战争实践基础

一是军事科技的发展奠定了近代西方军事思想形成和发展的物质基础。第一次技术革命使枪械及火炮实现了由滑膛到线膛、由前装到后装的两个飞跃，大大增加了枪炮的射速、射程和射击精度。此外，军用造船技术以及军事筑城、修路、架桥、爆破等工程技术也有了飞速发展。第二次技术革命推动了火气自动化技术、军事航空技术和坦克技术等新军事技术的问世，涌现出机关枪、自动步枪、迫击炮、作战飞机、潜水艇、坦克等新式武器装备的诞生与发展，以热兵器为标志的军事装备变革引起作战方式的变革，纵队战术取代线式战术、散兵线战术又取代纵队战术等。军事装备和作战方式的变革又推动了军事思想的发展，产生了"机动战""歼灭战""游击战""速决战"以及"海权论"等思想。

二是频繁爆发的各种类型战争奠定了近代西方军事思想形成和发展的战争实践基础。近代西方战争频发，基于目的和动因不同，分为三种类型：（1）资产阶级革命战争。17—19世纪，资产阶级为巩固资本主义制度，发动了一系列国内外战争，包括英国资产阶级革命时期的国内战争（1642—1649年）、美国独立战争（1775—1783年）、法国资产阶级革命战争和拿破仑战争（1789—1815年）、美国南北战争（1861—1865年）。（2）殖民主义与争夺地区霸权的战争。包括英荷战争（17世纪中后期）、克里木战争（1853—1856年）、普法战争（1870—1871年）、俄土战争（1877—1878年）、英布战争（1899—1902年）、日俄战争（1904—1905年）。（3）民族解放战争与

无产阶级武装斗争。包括西属拉丁美洲殖民地的独立战争、19世纪上半叶到20世纪初亚洲的民族解放战争、19世纪末20世纪初非洲人民的反帝武装斗争，以及19世纪30—40年代的欧洲无产阶级武装起义、1848年欧洲革命期间的无产阶级武装起义、1871年巴黎公社期间法国的无产阶级武装斗争等。

三、近代西方军事思想发展的脉络

近代西方军事思想的形成和发展与资产阶级的产生与壮大是息息相关的。资本主义的萌芽最早发生于14—15世纪的意大利北部。近代军事思想的发源地也是来于此，佛罗伦萨的马基雅维利就在当时提出了一系列反映资产阶级利益的军事思想。在近代西方军事思想形成时期，涌现出许多著名的军事人物和军事理论著作。著名的军事思想家有克伦威尔、劳埃德、比洛、拿破仑、库图佐夫、卡尔大公、若米尼、克劳塞维茨等。有代表性的军事著作有《军事政治回忆录》《制胜的科学》《新军事体系》《战争艺术概论》《拿破仑选集》《战争论》等。影响最大的军事人物是拿破仑，最著名的军事理论著作是《战争论》。这个时期的军事思想主要反映了帝国主义时代的西方军事思想，这个时期的著名军事人物有毛奇、马汉、施利芬、福煦、鲁登道夫、杜黑、富勒、利德尔·哈特等。著名的军事著作有《海权对历史的影响（1660—1783年）》《作战原则》《机械化战争论》《总体战》《制空权》和《战略论》等。

从战略、战役、战术的角度观察，近代西方军事思想经历了如下发展阶段：

一是战略理论著作相继问世。17世纪中期至18世纪中期，弗里德里希、劳埃德、比洛等人在战略理论发展和战略学产生过程中起到重要作用。弗里德里希创造了有节制地使用兵力、广泛实施机动和灵活运用翼侧攻击战法的成功战略和战略理论原则。劳埃德论证了基地、作战线、地形、战场范围、军队数量等战争要素的相互关系及其在战略上的运用。比洛则提出战略是关于目力和火炮射程以外进行军事行动的科学，阐明了战略服从政治的观点。18世纪后期至19世纪上半叶，战略理论迅速发展。其中，拿破仑一世创造了集中优势兵力、选定主要进攻方向、突然猛烈实施进攻、给敌军以致命打击等战略指导原则。克劳塞维茨和若米尼则分别写出了影响极为深远的《战争论》和《战争艺术概论》。19世纪后期至20世纪初，资本主义发展到帝国主义阶段，讨论以使用坦克、飞机、军舰等新式武器装备为基础的战略理论相继问世，出现了美国马汉的《海权对历史的影响（1660—1783年）》、杜黑的《制空权》、鲁登道夫的《总体战》以及富勒的《装甲战》等。

二是战役从战略战术理论中分离出来。18世纪80年代，英国的劳埃德将沿作战线在基地和目标之间反复进行的集中、机动、战斗或威胁作战线的作战行动，称为"战役"。18世纪末到19世纪初，拿破仑提出了具有战役理论特征的"大战术"理论。19世纪中叶，若米尼和克劳塞维茨也都将战役理论从战略战术理论中分离出来，进行了系统研究。19世纪至20世纪初，俄国已将战役理论独立出来。如，1885年俄国列耶尔在《战略》一书中初步明确了战役的概念和内涵，1899年俄国米赫涅维奇在《战略》一书中把战略性战役划分为一系列局部战役，1912年涅兹纳莫夫在《现代战争》一书中系统研究了战役问题。综上，18世纪中期至20世纪初，战役理论已从战略战术理论中分离出来，逐步独立。战役学作为专门学科提出，并得到普遍重视。

三是战术学作为独立学科已形成和确立。18世纪，科学技术的发展促使军队武器从前装滑膛枪炮发展成为后装线膛枪炮，作战方式从线式战术演变到散兵线战术，海军作战由战列线战术发展为机动战术。这一切为战术学的形成和确定提供了重要条件。18世纪末，苏沃洛夫撰写了《制胜的科学》，提出了目测、快速、猛攻等战术动作，成为较早的专门的战术理论专著。19世纪初，比洛的《新军事原理》和《新战术》提出了战略服从于政治、战术服从于战略的观点。此外，《战争论》和《战争艺术概论》也分别从不同的角度对战术进行了论述。综上，19世纪末前后，战术学作为一门独立的军事学科，已逐步形成和确立。

除此之外，近代军事史上，军队指挥、军队管理、军事后勤、军事地理等理论及其学科，也取得了突破性进展。军事学各个门类的发展演进及形成

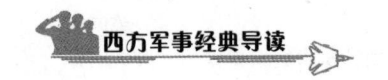

确立，对军事思想的变革创新产生了深刻影响。

四、近代西方军事思想发展的特点

近代，随着资本主义生产方式和政治制度的确立，军事思想也进入了变革创新时期，呈现出如下基本特点：

一是创新发展前所未有。通常，每一时期的军事思想，相对于前一时期的军事思想，都有一定的变革和创新。然而，从17世纪中叶至20世纪初，由于资本主义生产方式及政治制度的确立，促进了科学技术的迅猛发展、思想文化的长足进步以及经济政治的深刻变化。由此带来的军事科技的飞跃发展和战争形态的巨大变迁，促进了军事思想的革命性变化，具体体现为如下两个方面：（1）军事思想内容变革明显。如，拿破仑有关军事制度、作战方法和军队建设的改革，克劳塞维茨对于战争与政治关系的全面论述、对战争中的胜败和攻防等矛盾现象的辩证阐述等，是军事思想发展史上重要的里程碑。（2）军事思想研究方法科学化。摈弃了古代的经验型研究方法，取而代之的是"以观察和实验为主"以及"以收集和积累材料为主"的研究方法。

二是内容体系逐步完备。古代，由于战争主要以冷兵器为装备，作战方式单一，军事领域的规律尚未完全暴露，研究揭示军事本质与规律的军事思想缺乏体系性和完整性。17世纪以后，军事思想的内容体系逐步完备，劳埃德对18世纪军事思想的体系化建设做出重要贡献。克劳塞维茨和若米尼在战争实践基础上，对军事领域的基本规律和问题，如战争的本质、战争与政治的关系、军队的建设、战略与战术的区分、攻防作战的基本原则等，进行了系统的分析和研究，为完备军事思想体系做出了贡献。近代，军事思想作为一种理论体系逐步形成，集中体现在《战争论》和《战争艺术概论》两部著作中。

三是交流渗透更为广泛。由于受战争规模、交通工具及传播媒体等因素的制约和影响，在古代，东西方之间以及各国之间的军事思想领域缺乏广泛而深刻的交流。17世纪之后，各国之间的军事领域交流日益广泛。日本在传播、学习和借鉴西方其他国家军事思想方面尤为突出。日本首先学习西方的武器制造技术，继而开始采用西方的军事制度，随后又注重接受西方的军事思想。克劳塞维茨的《战争论》和马汉的"海权论"等对日本军事思想产生了深刻影响。

四是思想呈现多元发展趋向。西方各国政治、经济、军事、文化等方面的差异性使得军事思想呈现出多元化趋向。从阶级属性看，有资产阶级军事思想、无产阶级军事思想。从思想属性看，有辩证唯物主义军事思想、机械唯心主义军事思想等。

五、形成时期的近代西方军事思想

1500—1840年是近代西方军事思想的形成时期，这一时期西方处于一个大变革时代，资产阶级革命风起云涌，各种文化运动此起彼伏，如文艺复兴运动、启蒙运动、宗教改革等等，从而为近代军事思想的形成和发展提供了深厚的政治文化基础。这一时期著名的军事思想家有克伦威尔、劳埃德、比洛、拿破仑、库图佐夫、卡尔大公、若米尼、克劳塞维茨等。代表性的军事著作有《军事政治回忆录》《制胜的科学》《新军事体系》《战争艺术概论》《拿破仑文选》《战争论》等。

这一时期军事思想的主要内容大致表现为三个方面：一是以研究战略为重点，初步形成了资产阶级军事科学体系。军事思想家们非常热衷于研究兵法，特别是研究战略问题。英国的劳埃德较早提起了战略的一些问题。此后，比洛发表了《新军事体系》，他在书中给战略下了定义，并对战略进行了区分。卡尔大公的《从1796年的德国战局论战略原理》也是非常有价值的著作，他把军事科学划分为战略和战术。若米尼写出了《战争艺术概论》，主要研究了战略问题，其中强调战略应该关注的内容和范围，以及战略规则，并详细研究了战略方面的基本概念，如作战体系、战区、战略点和战略线、战略正面等。而克劳塞维茨的《战争论》更是一部研究战略问题的鸿篇巨制，指明了战略的本质,分析了战略的要素和战略使用的手段等内容。除了重点研究战略之外，军事思想家们也非常关注其他军事学科，如战术、筑城学、军事地形学、军事测绘学、战史、兵种学等。以《战争论》《战争艺术概论》为代表的一大批军事著作的出现，标志着西方近代资产阶级军事科学的初步形成。

二是以探讨政治与战争的关系为核心，确立了近代资产阶级的战争观。近代资产阶级的战争观主要包括战争的概念、战争的制胜因素、战争与诸要素之间的关系、战争的起源和战争的起因等问题。其中，核心问题就是战争与政治的关系。围绕着对战争与政治关系的探讨，西方构建了近代战争观。若米尼把政治看作军事学术的六个部分之首要问题。他认为，军事学术不仅要研究纯粹的军事行动，而且要研究战争的目的、合理性和必要性等问题。而对战争与政治关系论述最为深刻的当属克劳塞维茨。他提出的"战争无非是政治通过另一种手段的继续"，就是对战争与政治关系的高度概括，也是对世界军事思想的最大贡献之一。这一时期的军事思想家们对战争与政治关系的认识有相当的深度，成为西方资产阶级军事思想初步形成的一个重要标志。

三是强调以消灭敌人军队为主，形成了系统的作战思想。在18世纪末，欧洲军队在作战中普遍遵循的是持久消耗战和警戒线作战。因为当时军队被视作君主的私有财产，因此，军队的规模不会太大，在作战中就会十分谨慎，轻易不进行大的会战，以免自己的军队会有损伤，战争于是就变成了"国王间的游戏"。但是拿破仑战争却证明，只有消灭敌人军队才是真正的作战目的。克劳塞维茨提出："消灭敌人军队不仅在整个战争中，而且在各个战斗中，都应该看成主要的事情，这是我们的原则"，"消灭敌人军队是一切军事行动的基础，是一切行动最基本的支柱，一切行动建立在消灭敌人军队这个基础上，就好像拱门建立在石柱上一样"。俄国著名军事家鲁缅采夫、苏尔洛夫也很重视消灭军队的指导原则。鲁缅采夫认为，只有集中兵力粉碎敌人的军队，才能取得战争的胜利。苏尔洛夫认为，战争中打击的基本目标不是供给基地，而是敌人的军队，赶走敌人是失败，歼灭敌人、俘虏敌人才是胜利。拿破仑更是说："欧洲有很多优秀的将军，但他们一下子期望的东西太多，而我只看一个东西：敌人的兵力，并且力图消灭他们，因为我相信，只要把军队全消灭，其他一切就会随之而土崩瓦解。"此外，这一时期的欧洲将军们都非常重视攻势防御，主张集中兵力、快速启动、突然攻击，并且强调指导作战要掌握预备队。

第二节 《制胜的科学》：18世纪使俄军强大的战术训练细则

一、作者生平

《制胜的科学》，作者为亚历山大·瓦西里耶维奇·苏沃洛夫（Alexander Suvorov，1730—1800年），俄国伟大的统帅、军事理论家，俄国军事学术的奠基人之一。苏沃洛夫出生在俄国莫斯科的一个军人家庭，父亲是俄国上将枢密官，编纂了第一部俄国军事词典。苏沃洛夫从小酷爱军事，在其父亲指导下研究炮兵学、筑城学和军事史。苏沃洛夫17岁就开始了军旅生涯，曾当过参谋、团长、旅长、师长，直至俄国的战区司令和远征军总司令。在近50年的戎马生涯中，苏沃洛夫指挥过60余次战役和战斗，屡战屡胜。因战绩显赫，1799年被提升为俄国大元帅。苏沃洛夫学识渊博，曾写过《团规》和《苏兹达尔团条令》。1795—1796年，苏沃洛夫指挥驻乌克兰的军队，设行营于图利钦，根据自己深厚的军事理论积累和丰富的作战经验，写成这部《制胜的科学》，并于1806年发表。

苏沃洛夫一生战果累累，胜利原因主要有：第一，他作战决策大胆、果断，善于集中兵力先发制人。第二，他平时严格训练部队，特别重视夜战、近战、白刃战和行军的训练，指出"操场上艰苦，战场上轻松"。第三，他身先士卒，冲杀在最前线。

苏沃洛夫是军事改革家和俄国军事学术的奠基人。他继承了彼得大帝、鲁缅采夫的军事传统，根据战争实践需求，进行军事改革创新。一方面，他根据俄国军队是由农奴征集来的、具有强烈的民族感和爱国主义精神、英勇善战的特点，摒弃陈旧的封锁线式战略和线式战术，提出歼灭战略和纵队作战队形的思想。所谓歼灭战略，即寻找敌人的军队，迫使他们交战，突击粉碎敌人，以穷追不舍的追击全歼敌人。所谓纵队作战队形，就是将士兵按照纵深梯次配置队形。另一方面，他提出观察、快速和猛攻三项战术原则，提出自觉纪律，废除流行于西欧国家的棍棒纪律。

苏沃洛夫创立了一套应于战争需要的教育训练方法，主张通过训练激发士兵的民族自尊心和爱国热情，他关心士兵的生活和需要，在戎马生活中与他们同甘共苦，赢得了全军的无限信任和爱戴。

苏沃洛夫不仅是军事统帅，而且是政治家和外交家，他在战场上对敌人毫不留情，但对放下武器的俘虏和中立国人民却宽宏大量，富有人道主义精神，他坚信"聪明的宽大常常比战争的快刀更有力量"，1794年在占据有利军事态势的情况下，和平解决华沙问题，表现出他作为政治家的风度和外交家的才能。

苏沃洛夫在军事理论和统帅实践方面留下大量遗产，以新的结论和原则丰富了整个军事学领域。

二、内容梗概

《制胜的科学》分为两部分。第一部分《分队对抗演习或演习前的训练》，供军官使用，是指挥官的参考手册，阐述了苏沃洛夫以贯穿冲击演练来训练军队的方法。第二部分《向士气口授必须的知识》，供士兵使用，列举了苏沃洛夫关于战术和战斗勤务的基本原则。譬如，按实战需要训练，培养每位军人履行职责的自觉性等。该书简易明了、目的明确、富有科学性，其体现的主要思想包括：

（一）以人为先、加强训练

认为人是制胜的决定因素，因此，把人置于优先位置来考虑。人就是指士兵，而士兵是指所有军人，包括最高级的将军和低层的火枪兵、骑兵和步兵等。士兵要具备高超的作战技能和主动、机智、勇敢、爱国以及服从命令的品质。

因为，铁的纪律可以使每位士兵确信自己有力量勇敢向前，而服从命令则是保持秩序井然、指挥顺畅的前提。所有这些技能和品质都需要通过严格的训练来实现。最值得推崇的演练是进攻、横队、纵队、方阵等各种冲击性演练，部队面对面站立，彼此冲向对方，伴以武器的搏斗，这种演练接近实战，由此训练出来的战士，一旦上了战场就会无所畏惧，从容应对，正所谓"训练从难，征战易。训练从易，征战难"。

（二）战术三原则

战术的基本原则是"观察""快速""猛攻"。"观察"就是要在判断敌情和地形的基础上，及时制订出正确的作战计划。"快速"就是要求部队具有高度的机动性和突然性，从这层意思上说，脚是决定胜利的基本条件，军队必须急行军赶路，奔赴前沿阵地或占据有利地势。"猛攻"就是在与敌人短兵相接的关键时刻，主要是以冷兵器杀伤敌人。猛攻时通常是骑兵冲杀在前，步兵随后，展开成三列横队，第一列突破，第二列将敌人砍翻在地，第三列最后完成任务。

（三）射击必要，拼刺刀更重要

在重视发挥火力的作用、重视射击训练和实战射击的同时，更重视发挥刺刀的作用，强调白刃突击的重要性。射击的要领是瞄准和消灭敌人，不能采取当时流行的齐射方法，由于彼此站立距离太近，因此，射击要少而准，刺刀要刺得准，一有机会就用冷兵器作战。

（四）以消灭敌人为目标，主张进攻和攻击

苏沃洛夫认为战争的主要目的不是击毁欧洲普遍认为的"补给基地"，而是消灭敌人的有生力量，"打退敌人是失败，而消灭敌人才是胜利"。要集中兵力兵器于决定性的方向上，分批消灭敌人，而不要把部队分散布成警戒线。苏沃洛夫在战略上主张坚决进攻，无论是对不设防的野外，还是设防的城堡，都要坚决进攻，只有勇敢进攻才能制胜。在战术上则主张积极的攻击，认为

野战中有三种攻击：向较弱的翼侧攻击，向中部攻击，向后方攻击。后者比前两者要好，但是，攻击时要注意速度，不等敌人发射霰弹就要把大炮夺过来。

（五）灵活多变的指挥艺术

战争中没有一成不变和一劳永逸的固定原则，一切都要根据敌方特点以及难以预料和变化多端的条件设定。如：用线式纵队打击正规部队，用方阵对付异教徒，都是可以的。在注重进攻的同时，个别情况下也可采取防御，为保存兵力，避免优势敌人的突击而实施必要的退却也是完全可行的。

三、后世影响

《制胜的科学》是苏沃洛夫于1786年在图利钦任俄军总司令时为部队制定的战术训练细则。该书阐述了苏沃洛夫的战术原则和军队教育训练原则及其教令，是其50余年作战训练经验的总结，也是他对以普鲁士为代表的18世纪西欧传统军事思想的批判。他以创新的理论、结论和原则，丰富了18世纪的军事学术领域。在这本书所体现的军事思想的指导下，俄国军队成为当时欧洲最强大的军队。苏沃洛夫的军事遗产也对之后的苏联军队建设以及军事学术的形成和发展起到推动作用。列宁领导的十月革命和建立的苏联红军对以《制胜的科学》为代表的苏沃洛夫的军事思想给予了肯定，确认了它在俄国军事学术中的主导地位。1918年，列宁批准发布的《红军战士手册》引用了该书的主要原则作为红军战士的行为守则，成为苏联军队行动指南。书中的军事学术内容、治军思想及影响作用也跨越了国界，该书不仅在欧洲是当时最优秀的军事著述，在世界范围也成为各国军事家关注的军事名著，在俄国和世界军事历史上都占有重要的位置。

本书全文两万余，发表于1806年，在俄国同土耳其和拿破仑法国作战的1806—1811年，又再版了八次。1870年德拉戈米罗夫把本书的基本原则编入自己的《战术教材》。苏联卫国战争期间，本书的许多原则被运用到实战中，战后苏联又多次再版，对苏联军队的建设、训练和作战产生重要影响。

四、著作局限

尽管《制胜的科学》在俄国和世界军事历史上都占有重要的位置，但其本身也存在一定的局限性：

一是贯穿神权思想。指出士兵勇敢作战，"要为圣母殿而死，为神甫之妻、为最光辉之殿堂而死！——教堂祈祷上帝"，"士兵要有正义感，笃信宗教。要向上帝祈祷！上帝给我们胜利。神奇的勇士！上帝指引着我们，上帝就是我们的将军！"。

二是以允许掠夺战利品来鼓舞士气。指出"战利品是神圣诱人的！攻占兵营，一切都是你们的。攻克要塞，一切都是你们的。大家可以一捧一捧地分金银"。

三是武器装备和作战样式已过时。不同的技术装备决定着不同的作战样式和作战形态，不同的作战形态要求不同的战略战术和不同的技能和精神素质，书中有关战术训练及其士兵的荣誉教育等所提及的方阵、火器等已过时，在阅读时只应将其作为战术原则及训练理念的载体予以对待。

五、作品启示

本书作为一部简易明了、目的明确并富有科学性的军事名著，阐述的关于治军思想、军事战略以及军政训练方面的基本原则，至今对于我们有借鉴意义。苏沃洛夫的"观察""快速""猛攻"三原则等，不仅适用于旧式火枪为武器、之后以自动化武器装备起来的步兵、坦克兵，同样应用于现在信息化背景下的海空作战中。他有关"训练从难，征战易"的论述，揭示了实战化训练的现实意义。它所体现的方法论意义则更为珍贵，它揭示出战术样式对于武器战斗性能的依赖性，确立了战术要求和战斗训练之间的联系。譬如，因为步枪射程不足60步，一次只能射一发子弹，所以，要求士兵向密集敌群射击，并且要求准确。推崇近距离的白刃战。他尊重士兵的人格和自觉性、爱护士兵身体的做法等至今适用于信息化部队的官兵关系建设。

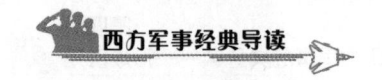

图书信息

［俄］苏沃洛夫，著．李让，任俊卿，译．《制胜的科学》．北京：解放军出版社，1986年出版．

第三节 《理论后勤学》：
西方最早研究军队后勤理论的专著

一、作者生平

《理论后勤学》，又名《理论后勤学——战争准备的科学》，作者乔治·赛靳斯·索普（George Cyrus Thorpe，1875—1936年）是美国军事后勤学家、美国海军陆战队中校。美西战争中，参加过镇压菲律宾的作战，时任中尉。1903年指挥美海军陆战特遣队赴埃塞俄比亚执行任务，获埃塞俄比亚皇帝授予的勋章。之后在西印度群岛、古巴等地区服役，在大西洋、太平洋舰队以及海军驻欧洲部队中担任过陆战队军官，出任过新罕布什尔州海军监狱长。索普曾在布朗大学和纽约大学学习过心理学和国际法，获得过文学士、法学士和硕士学位，毕业于美国海军学院和陆军参谋学院。在海军学院进修和工作期间，索普将研究集中于军事后勤领域，于1916年完成《理论后勤学》的写作，并于次年出版。

1917—1919年，索普任驻扎在多米尼加的美军的团长和旅参谋长，还担任过多米尼加新建国家卫队司令，晋升为上校。1923年因病退役。

二、内容梗概

《理论后勤学》全书由序言和12章组成，约6.8万字。第一部分从第1章至第11章，主要依据以往战争，尤其是19世纪以来拿破仑远征俄国之战、美国内战和普法战争的经验教训，从理论上探讨军事后勤在工业化时代的战争中的地位与作用，后勤与战略、战术的关系，军队后勤的组织体制、管理原则和管理方法，以及海军、陆军后勤机构的组成、职责分工和工作任务，国家平时与战时的后勤准备及战争动员等问题。第二部分即第12章，论述了如何适应战争需要，加强后勤官兵训练教育、培养具备基础知识和专业知识的合格人才，以及如何提高后勤工作效率等问题。该书主要观点包括：

一是后勤与战略、战术一起构成战争科学的三大分支。索普认为，前人研究军事理论时，忽略了后勤的重要性。其实，现代战争的准备和实施有赖于相应的后勤保障，后勤制约着战略、战术目标的达成，关系着战争的进退和胜负。他指出"在计划用兵时，不但必须决定用兵的意图，还必须决定用兵的可能结果，任何战略问题和战术问题都要以后勤的角度加以解决"。战争中，交战国家在资源动员方面的竞争空前激烈，只有那些有后勤保障的，即经济地使用资源、懂得控制消耗的一方，才能赢得战争。

二是科学技术与社会生产力的发展，引起了作战手段、战争规模及其物质需求与消耗的变化，从而扩大了后勤工作的外延，增加了战时财政、舰船建造、军备生产以及战争经济等诸多内容，也使得后勤工作更为复杂，提高了后勤工作在战争中的地位。

三是战争已进入工业化时代，后勤必须像商业部门那样建立合理分工协作的组织体制，实行"集中控制、分散执行"的管理原则，精确分工，密切协调，发挥下级和下属人员的主动性，注重效率，避免重复和浪费。

四是进行后勤的基础教育，培养有知识的专业人才，是使后勤机构在复杂的现代战争中发挥最高效率的必要条件。

三、后世影响

后勤在现代战争中有着举足轻重的地位和作用。人们一谈到战争必然讲到后勤。在某种程度上，后勤保障能力的强弱决定着战争的胜负。然而，在100多年前，战争中似乎还没有专门的后勤，在久远的战争史中甚至没有"后

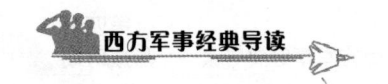

勤"这个词。十字军东征数千里、拿破仑转战整个欧洲、成吉思汗奔袭俄罗斯,几乎都没有专门的后勤保障。作为美国海军陆战队中校的索普在20世纪初基于枪炮时代战争的特点,极具前瞻性地撰写了《理论后勤学》,成为西方最早研究军队后勤理论的专著,这本专著的问世标志着后勤已成为一个专门研究对象,后勤学也成为专门的学科。

后勤学专家亨利·艾克尔斯称该书是"写得很出色的小册子",是"研究后勤理论和原则的首次尝试"。英国《不列颠百科全书》认为该书提出的"战略、战术、后勤三位一体的结构"以及"后勤的当然职能就是提供战争的一切手段,即人力手段和物力手段"等观点,打破了传统后勤的狭隘概念,将后勤的含义扩大到"包括战争财政、舰船建造、军备生产以及战争经济的其他方面",第一次将后勤提高到与战略、战术相同的地位,是西方19世纪以来后勤理论的重要发展。美国国防大学武装部队工程学院院长惠勒少将在为该书再版写的序中认为,该书问世后近70年来,面对科学技术的迅猛发展,其基本内容仍未逊色,"是公认的军事经典读物之一"。美军军事史学家福尔克称赞这本书是近代以来军事后勤学的里程碑,认为至今没有另一个索普奉献出一本现代后勤理论著作,索普"关于军队后勤的主要观点至今仍然不可动摇"。

四、著作局限

基于时代和资产阶级后勤学家这一立场的局限性,作者对战争观、人民群众在战争中的作用等问题看法偏颇,对战争与经济、战争与后勤关系的论述也缺乏深入细致的科学分析,这是我们阅读时需要注意的。

五、作品启示

索普的这本后勤理论专著的问世距今已近70年,尽管战争与后勤两个方面都发生了很大的变化,但书中论述的某些基本观点和历史分析对于研究后勤理论的发展历史具有较大的参考价值。从这本书中我们可以得到如下启示:

一是后勤也是遏制战争、走向人类和平的重要影响因素。国家在包括后勤保障等一切制胜环节做得到位，就会极大威慑作战对手不敢轻启战端，以达到遏制战争的目的。

二是后勤学包括理论后勤学和应用后勤学两个方面。理论后勤学对后勤在战争科学中的作用、范围及其一般组织进行研究。应用后勤学则以理论后勤学为基础，具体研究实践中碰到的诸如进行战争准备时后勤的分工、战时如何进行持续保障，以及运输后勤、战争财政后勤、造船后勤、军火制造后勤等各类后勤问题。

三是现代战争中的后勤工作要高效精准。现代战争中精确制导技术普遍应用，这要求与之相适应的后勤工作高效精准、全面到位，对后勤工作的管理提出更高要求。

图书信息

［1］［美］G.C.索普，著.《理论的后勤学——战争准备的科学》.北京：解放军出版社，1986年出版.

［2］［美］乔治·C.索普，著.张焱，译.《理论的后勤学》.北京：解放军出版社，2005年出版.

第四节 《战争论》：资产阶级军事理论的奠基之作

一、作者生平

《战争论》的作者是卡尔·冯·克劳塞维茨（Carl von Clausewitz，1780—1831年），普鲁士资产阶级著名军事理论家和军事历史学家，普鲁士将军。1780年出生于普鲁士一个税务官家庭。12岁从军，13岁参加反法战斗，产生对战争基本问题的思考，15岁升为少尉。1801年进柏林军官学校，因学习成绩优秀，深得校长沙恩霍斯特赏识。沙恩霍斯特后来是普鲁士军事改革的倡导者，克劳塞维茨的思想和以后的活动受他的影响很大，克劳塞维茨后来成为以沙恩霍斯特为首的普鲁士军事改革派的核心人物。

1803年毕业后，克劳塞维茨任奥古斯特亲王副官。1806年参加奥尔施泰特会战。1808年任军事改革委员会主席沙恩霍斯特的办公室主任，协助沙恩霍斯特从事军事改革。1809年进总参谋部工作。1810年8月晋升为柏林军官学校战略和战术学少校教官。1812年，主张联俄抗法，因不满普鲁士国王同拿破仑结盟而辞职，转到俄军，在骑兵军和步兵军中任职，经历了俄国抗击拿破仑入侵的战争，如斯摩棱克争夺战和博罗迪诺会战等，这些经历使他亲历了俄国最高领导人进行战略决策的全过程，认清了诱敌深入战略和民众战争在抵御外国进犯中的巨大力量，也深切体验到了大规模战争的残酷和艰辛，这些经验对《战争论》的写作产生巨大影响。1814年克劳塞维茨回归普军。1815年任布吕歇尔军团第3军参谋长，参加了林尼会战和进军巴黎等对拿破仑的最后战争。1818年任柏林军官学校校长，9月晋升为少将。

克劳塞维茨任校长的12年间（1818—1830年），潜心研究战史，并致力于《战争论》写作。1830年，任炮兵第二监察部监察，后任格乃泽瑙军团参谋长。1831年11月病逝。克劳塞维茨去世后，他的妻子整理出版了《卡尔·冯·克劳塞维茨将军关于战争和战争指导的遗著》，共10卷，1至3卷为《战争论》，其余为战史著作。

克劳塞维茨所处的历史时期，正是欧洲从封建制度向资本主义制度过渡，军队从雇佣制向普遍征兵制过渡，作战方法从线式战术向散兵战术过渡。他站在欧洲新兴资产阶级进步的政治立场上，系统地总结了自己亲身经历的几次战争的经验，研究了1566—1815年发生的130余个战例，阅读当时的各种军事理论文献，摈弃统治当时军事学术领域的学而上学思想，汲取了黑格尔辩证法思想，撰写了这部《战争论》。

二、内容梗概

《战争论》出版于1832年，全书共3卷8篇124章，约69万字。第1卷共4篇，包括第1篇《论战争的性质》、第2篇《论战争理论》、第3篇《战略概论》、第4篇《战斗》。第2卷共2篇，包括第5篇《军队》、第6篇《防御》。第3卷共2篇，包括第7篇《进攻》(草稿)、第8篇《战争计划》(草稿)。全书贯穿的基本思想是"战争无非是政治通过另一种手段的继续"。第1篇是全书的核心，阐述了战争的目的和手段、战争中的阻力等关于战争理论的基本问题。以后的6篇紧紧围绕着这一核心展开，着重论证战争中的战略和战术问题，提出了攻势防御论、民众战争论、进攻顶点论、打击重点论、有限目标论等作战指导思想。最后第8篇又回到战争的基本问题上来，对全书进行了更为明确的概括和升华。从篇幅上看，《战争论》论述最多的是两个问题：一个是战争理论，包括战争的定义、性质、目的、手段，以及如何建立战争理论等内容。另一个是战略理论，包括战略要素、战略方法、战略进攻等内容。战术、战史、军队等问题在书中所占的篇幅不大。其最有价值的军事思想体现如下：

（一）三位一体的战争观

克劳塞维茨写作《战争论》的首要任务就是要搞清楚战争是什么，他在第1篇第1章的结论中做了一个形象的比喻，讲战争的属性特点为三位一体，即战争具有暴烈性、概然性和偶然性、从属性这三种基本属性，并且这三种属性相互影响、相互作用，共同组成矛盾运动的统一体，以致战争看起来像条变色龙，在不同的情况下表现出不同的特点。

1. 暴烈性——战争是迫使敌人服从我们意志的一种暴力行为

克劳塞维茨对战争的研究运用了从简单到复杂的方法，首先从战争的细胞——搏斗开始，在他看来，两个人的搏斗颇似一场战争，搏斗已经包含了战争的基本要素，如敌对意图、力量对抗和最终目的。而"战争无非是扩大了的搏斗"，是由无数的搏斗构成的，因此"战争是迫使敌人服从我们意志的一种暴力行为"。他进一步指出，战争的暴烈性具有三种自然趋势：一是以打垮对方为唯一目的。二是无限制地使用暴力。三是无限制地使用各种手段。这三种自然趋势如果不受任何其他因素的阻碍和制约而任其发展的话，暴烈性就会逐渐取代其他属性，最终导致"绝对战争"。

2. 概然性和偶然性——战争近似赌博

所谓概然性是指在现实世界中偶然事件发生的可能性也是有规律可循的，根据大量现象可以估计偶然事件发生的可能性的大小，这样的可能性称为概然性。概然性是可以估算的可能性，偶然性是不能估算的可能性。一方面，战争不是孤立的行为，交战双方可以根据对方的政治、经济、文化等方面的状况来推断对方是否要发动战争，想要达到一种什么目的，可能投入的兵力以及可能采取的战法等，这样就可以采取相应的对策。这种推断就是概然性的计算。另一方面，军事活动是充满危险和不确定性的领域，到处都充满了偶然性，这样的领域是发挥人的精神力量的最好舞台。正是由于概然性和偶然性的作用，其暴烈性在现实战争中不可能自由发展，也可能发生戏剧性变化。所以，克劳塞维茨指出："战争在人类各种活动中最近似赌博。"因为在战争中，偶然情况层出不穷。偶然情况越多，战争就越像赌博。

3. 从属性——战争无非是政治通过另一种手段的继续

克劳塞维茨通过大量的研究认识到，战争的根本属性在于对政治的从属性。也就是说，"战争无非是政治通过另一种手段的继续"。这一论断主要包括四层含义：一是政治产生战争。政治是"孕育战争的母体，战争的轮廓在政治中就已经隐隐形成，就好像生物的属性在胚胎中就已形成一样"。总之，"战争是由政治引起的"。二是政治支配战争。政治与战争是手和工具，或者目的和手段的关系，政治是手或目的，战争是工具或手段，工具依靠手段来操纵，目的通过手段来达到。三是政治贯穿于战争。克劳塞维茨提出此观点之前的欧洲军事界普遍认为，战争独立于政治而存在，战争一发生，政治的使命就完成。克劳塞维茨对此做出批评，指出："战争只不过是政治交往的一部分，绝不是什么独立的东西""政治是整体，战争是部分""战争事件所遵循并受其约束的主要路线，只能是贯穿整个战争直到媾和为止的政治交往的轮廓"。四是政治不能违背战争的特性。尽管战争是政治的一部分，但是，有其自身规律和特性，即战争不是书写外交文书的政治，而是打仗的政治，是以剑代笔的政治，以流血的方式进行。违背战争这一规律，战争就要失败。

战争的上述三种属性相互交织，构成战争性质的三位一体和基本属性。其中，暴烈性主要与民众有关。它是战争盲目的自然冲动，是战争的本能，这种自然冲动在民众中最能够得到发展，民众对战争的激情将会促进战争暴烈性的扩大。概然性和偶然性主要与统帅及其军队有关。它使战争成为一种自由的精神活动，这种自由的精神活动主要表现为统帅及其军队的勇气和才智。从属性主要与政府有关。政治目的纯粹是政府的事情，从属性使战争成为一种纯粹的理性行为。

（二）重视精神要素作用，推崇武德的建军思想

古今中外，历代兵家较重视精神因素在战争中的作用，但由于研究难以量化，成果比较少。譬如，克劳塞维茨在认为决定战斗运用的战略包括精神要素、物质要素、数学要素、地理要素、统计要素的情况下，西方军事理论界的研究局限于物质因素层面的研究。克劳塞维茨认为，战争中，精神因素非常重要，贯穿于整个战争领域，而且其重要性应排在物质因素之前：物质在战争中的作用像刀柄，精神则是真正锋利的刀刃。因此，在消灭敌人军队时，不能仅仅消灭敌人的物质力量，更重要的是摧毁敌人的精神力量。

克劳塞维茨认为精神要素主要指统帅的才能、军队的武德、民族的精神，此外还包括政府的智慧、作战地区的民心等。统帅的才能包括智力、眼力、决断力、干劲、意志力等，是各种精神力量的和谐结合。军队武德是指军队团结战斗、勇往直前的作风和胜不骄败不馁的精神，包括勇敢和团体精神两部分，是战争中最重要的精神力量，是使军队紧密团结在一起，克服各种困难，完成伟大事业的保证。培育军队武德不仅仅是军队的事情，而且是整个国家

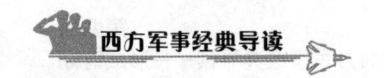

和民族的大业。它有赖于民族尚武精神的培育。只有具备良好的武德才可能取得战争的胜利。必须服从命令、遵守纪律、遵循规则和方法，并且经历一系列的战争锻炼和军事演习，才能培养起来武德。

（三）辩证认识攻防关系，主张攻势防御的作战思想

进攻和防御是两种基本作战形式，18世纪末至19世纪初的欧洲军事学术界普遍机械地就防御谈防御，就进攻谈进攻。克劳塞维茨克服这一缺陷，辩证地看待这个问题：首先，两者相互联系。整体为进攻，局部可能为防御；整体为防御，局部可能为进攻。其次，两者相互转化。进攻可以转变为防御，防御也可以转变为进攻。再次，两者相互包含。防中有攻，攻中有防。防御中含有进攻因素是有益的，因为防御由等待和反攻两部分组成，而进攻中含有防御因素是有害的，进攻应一气呵成。由此，提出了攻势防御思想，即防御者必须一手持盾、一手持剑，在用盾防御敌人的同时，还要用剑去攻击敌人。

在有关防御问题上，克劳塞维茨首次明确提出了"积极防御"和"消极防御"的概念。积极防御是指目的消极但手段积极的防御，强调在防守中攻击敌人；消极防御是指目的和手段都消极的防御，主张单纯防守而不进行积极的还击。积极防御的思想包括：（1）防御是一种比进攻更为有效的作战形式，它如同盾牌一样，主要目的在于抵御敌人的进攻，而不是消极地防守地盘。（2）防御应与进攻相结合，在防御中组织进攻。各种规模的防御都应配合相应的进攻，在防御战斗中可以用进攻的子弹迎击敌人。（3）防御的最大优越性就是能够迅速而猛烈地转入反攻。反攻是防御发展的必然趋势，是防御的一个基本组成，防御取得的胜利必须通过进攻加以利用。

（四）消灭敌人为最高战争目的、作战目标有限的作战思想

针对18世纪欧洲因为军队是君主的私有财产，而不舍得将其投入参加会战的现象，克劳塞维茨指出：保存自己军队和消灭敌人军队是对立统一体的两个方面，它们相辅相成、不可分割，其中，消灭敌人军队是绝对的，是战争的最高目的，是一切军事行动的基础和支柱，是矛盾的主要方面。保存自

己军队是相对的,是在寻求不流血的方法,目的是通过推迟军事行动的时间,换取军事行动的空间。一旦条件成熟,保存自己军队仍然让位于消灭敌人军队这一积极目的。

此外,克劳塞维茨指出作战目标是有限的。由于战争在现实中受各种因素的制约,尤其是政治因素的制约,交战双方难以投入全部力量进行战争,难以实现战争的绝对目标,所以,战争只能实现有限目标,表现为夺取敌国的一部分国土,或者保卫本国的国土两种形式。在提到进攻作战和防御作战的有限目标时,克劳塞维茨指出,进攻作战的有限目标应该是力求占领敌国的一部分要害地区,以迫使对手谈判;防御作战的有限目标是通过有效的打击以使敌人疲惫,进而迫使其媾和,或者在抵抗的同时冷静等待机会。

(五)集中兵力打击重点,把握顶点的进攻理论

克劳塞维茨将以往军事家关于集中兵力的原则发扬光大,指出:"不论在战术上还是在战略上,数量优势是普遍的制胜因素。"进行战争首要的规则是"把尽量多的兵力投入到战场上",以便使自己在兵力上占优势。当敌我力量对比中,我处于劣势时,应巧妙使用军队,在决定性的地点和时机,最大限度地集中兵力,形成相对优势。兵力集中分为两种类型:"空间上的兵力集中"和"时间上的兵力集中"。空间上的兵力集中是指在主要的方向和决定性的地点上,集中优势兵力。时间上的兵力集中是指在关键和有决定意义的时机,集中使用全部兵力。在集中兵力的前提下,还必须找到敌人抵抗的重心。所谓重心是指敌人力量的核心要害与关键部位。应集中一切力量打击敌人的重心。打击重心时要把握进攻的顶点,做到以下两点:一是进攻要适可而止。因为占领区的扩大、交通线的延长、战斗伤亡和疾病减员的增多等,都会削弱进攻的力量,所以进攻者必须掌握时机,量力而行,适可而止。二是进攻要以保存防御能力为限。进攻者应在自己尚能组织有力的防御,而对手的反攻力量尚未形成时,立即转入防御,这是进攻的顶点。如果超越进攻的顶点,会招致比自己力量更强大的敌人反击,如果过早地停止进攻,则会减少应该

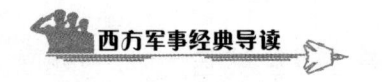

取得的胜利。

（六）民众战争与群众武装的思想

所谓民众是指以农民为主要力量的民军。克劳塞维茨认为民众战争的作用十分巨大，一个善于运用民众战争的国家比那些轻视民众战争的国家占有相对优势。在运用民众参与作战的时候，需要把握如下几点：（1）民心和民意在国家力量和军事力量中是一个重要因素，民众战争是战争过程的扩大和增强，采用民众战争可以大大增强自己的力量。（2）将群众武装和正规军结合起来使用。群众武装不是用来对抗敌军的主力，甚至也不能用来对付较大规模的部队，它的主要任务是从外部和边缘蚕食敌人的军队。（3）民众战争的特点是通过破坏道路和封锁隘路等手段，在暗中同敌人展开斗争。

三、后世影响

《战争论》于1832年出版后，并没有立即引起人们的关注。19世纪中叶以后，随着普奥战争和普法战争相继进行，人们因为要寻找能够帮助自己战胜敌人的战争指导原则和理论，开始重视《战争论》。很快这本著述受到德国最高统帅部以及当时资产阶级军事权威们的相继推崇。《战争论》被历代军事家所赞誉，逐渐形成如下的评价：这是一部运用辩证方法全面论述战争基本原理的资产阶级军事理论的经典著作，也是资产阶级军事理论的奠基之作。该著述反映了资产阶级初期的进步倾向和革新精神，首次把西方军事思想综合成一个具有内在联系的理论体系，初步揭露了战争现象的复杂本质、特殊的运动规律、具体运行机制。在此基础上，又为战略决策，即国家政府部门及军事统帅如何对未来战争实施正确的战略指导，制订战争计划，最终取得战争胜利，提供了一套较科学的方法，大大推动了军事科学思想体系的建立与发展。该著述有许多创新之处，譬如，在传统的军事理论研究中，人们关注的重点是正规战，很少有人重视民众战争。克劳塞维茨却设专章讨论民众战争，详细地阐述群众武装的任务和特点，填补了传统军事理论中的空白。

《战争论》的许多军事观点被后人借鉴引用，成为诸多新理论的思想基础。譬如，克劳塞维茨的绝对战争思想成为核战争的思想基础。克劳塞维茨提出了敌对双方无限制地使用全部力量这一绝对战争的观点，而现代西方军事家们则论证了核战争就是现实中的绝对战争。在核战争的情况下，交战双方都可能无限制地使用核武器和其他大规模杀伤性武器来进行最后的决战。美国的军事理论家们还进一步发展了克劳塞维茨的绝对战争论和有限目标论，推出了"地区有限而暴力无限"的主张。空地一体战略理论与克劳塞维茨的"重心论""会战论"一脉相承。

《战争论》作为人类思想的精华，也得到了马克思主义军事理论家的高度重视。19世纪中期，马克思和恩格斯为了领导欧洲革命斗争，系统地研究了包括《战争论》在内的大量军事理论著作，充分肯定了《战争论》的一些军事观点，批判性地吸收了其中的合理成分，将其作为批判机会主义者的武器。毛泽东对《战争论》也非常重视，他不仅制订了阅读《战争论》的计划，而且还组织过"克劳塞维茨《战争论》研究会"。毛泽东军事思想中论持久战的思想、人民战争的思想，以及对战争规律的认识等，都充分体现了对克劳塞维茨军事理论的创造性发展。

19世纪以来，《战争论》被译成各种语言版本，广为流传，成为世界上最有影响力的十大书目之一，是每位军人的必读书目。

四、著作局限

《战争论》虽然是一部理论巨著，但它毕竟是写于19世纪三四十年代，并且还是一部未完成的书稿。随着时代的变化、战争的发展，《战争论》中的一些内容已过时，其不可避免地带有时代和阶级的局限性，体现在如下方面：

一是虽然提出"战争是政治的继续"论断，但却未对政治的含义做出正确解释。在具体论证中抹杀了政治的阶级性，抹杀了经济利益和阶级斗争，单纯地把政治理解为超阶级的全社会共同利益的代表。没有看到政治是经济的集中表现、产生战争的基础是经济利益的冲突、战争是阶级斗争的表现形式等实质问题。因而也就无法揭示战争的本质，更不能正确阐明正义战争与非正义战争的阶级实质。

二是分析精神因素与物质因素关系时，某些地方过分夸大精神因素的作用。

三是在战争理论与实践的关系上，虽然强调理论来源于战争实践的考察，可以用来培养指挥官认识和解决问题的能力，但又夸大了战争的不确定性，以至于给人们造成对战争规律难以掌握的印象。

四是把战争的物质条件仅仅归结为兵力和兵器，不了解人们的物质生活条件依附于生产方式。

五是过高估计了战术胜利的意义，没有估计到战争性质的变化，没有估计到必须通过若干次的战斗和交战才能达到战争目的。

六是把民众战争作为一种手段，主张利用民众武装为资产阶级利益服务，而不是从民众利益出发，为广大人民的利益战斗。例如，克劳塞维茨没有对经济、技术对战争的影响给予足够的重视，也没有关注海洋等，这些需要我们在阅读学习《战争论》时保持清醒的认识。

五、作品启示

《战争论》中许多思想非常有价值，譬如三位一体战争观，"战争无非是政治通过另一种手段的继续"的著名论断等。最具特色的是这些理论得以产生的方法论，使其奠定了军事领域独一无二的地位。克劳塞维茨运用哲学思想去研究军事和历史，将理论与实践融为一体，这在军事科学研究史上有着划时代的方法论意义。

首先，《战争论》充满着辩证的思维方法。克劳塞维茨吸收德国哲学家黑格尔的辩证思维方法，否定永恒不变的法则，认为战争是一个多方面多层次构成的整体，通过分析战争和与其有关联的各事物之间的联系，揭示出隐藏在战争现象背后的本质和规律。

其次,《战争论》是理论与历史结合的典范。长久以来,人们将军事理论和军事历史视为两个互不相干的分支学科。克劳塞维茨克服这一局限,不仅坚持了理论与历史的结合,而且使这种结合更加精密和完善。他先后研究了历史上130余个战例,批判性地阅读了当时各种军事理论文献,写出了大量分析和评论战略的文章,系统地总结了战争的经验,在此基础上写成了这本书。

再次,《战争论》是发展的科学。克劳塞维茨并不希望他的著述像数学公式一样,束缚住人们创新的思维。相反,他希望自己的著作成为人们学习战争问题的指南,使其在此基础上形成独立思考和判断的能力。

总之,克劳塞维茨军事思想拥有长久生命力的根源,不仅在于他的理论来自经验的总结,而且源于他的思维是从事物的本质中产生出来的理性认识。哲学与经验相统一、研究与观察相结合,是其军事理论的两个强大支柱,它们构成了《战争论》这部不朽之作的基础,成就了其在所有军事理论著作中独一无二的地位。

图书信息

[1][德]克劳塞维茨,著.中国人民解放军军事科学院,译.《战争论》.北京:中国人民解放军总参谋部出版局,1964年出版.

[2][德]卡尔·冯·克劳塞维茨,著.陈川,译.《战争论全集》.北京:商务印书馆,2019年出版.

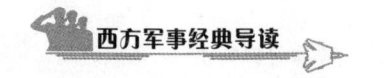

第五节 《战争艺术概论》：
19世纪最伟大的军事教科书

一、作者生平

《战争艺术概论》，又称《兵法概论》，作者若米尼（Antoni Henri Jomini，1779—1869年），全名为安东尼·亨利·若米尼，生于瑞士帕耶纳市市长之家，曾在瑞士军队服役，法国拿破仑时期的将领、俄国的上将，军事理论家，现代军事思想奠基人之一。

若米尼年轻时从事商业交易工作，却深受法国资产阶级革命的影响，立志成为拿破仑式的英雄。工作之余研究军事历史和拿破仑对意大利的远征。1798年加入瑞士军队，担任陆军部长的副官，参与组建瑞士国民军，后来又参加了法军元帅马塞纳部队的远征，1803年写成《大战术的理论和应用教程》（第一卷）。1805年加入拿破仑军队，担任米歇尔·内伊元帅的副官，并参与对奥地利的战争。多次参战中，他表现勇敢，获得面见拿破仑的机会。借此，他将自己的著作《论大规模军事行动》呈给拿破仑，获得赏识。1806年，他被任命为上校参谋，远征俄国。之后，若米尼以卓越的指挥才能，被任命为内伊元帅所在军的参谋长。

1807年他发表了《论大规模军事行动》一书的最后一章——《论战争艺术的基本原则》。1811年，他按照拿破仑的指示，撰写拿破仑对意大利的远征史。1812年，拿破仑远征俄国期间，若米尼担任被占领的俄国战略要地维尔诺城防司令和斯摩棱斯克总督。任总督期间，他在此地修建了大型供给基地，使法军撤出俄国减少损失、保存了实力。

若米尼在包岑战役中战功显著，因拿破仑的参谋长贝蒂埃将军从中作梗，他在法国军队中提将军的梦破灭，于是1813年离开法军，投奔俄军，沙皇亚历山大一世授予他中将军衔。此后，他长期居住在俄国，为俄军服务。他曾建议创建了俄国第一所军事学院，并参与制订了俄土战争和克里木战争的作战计划,参加了1828—1829年的俄土战争。俄军获胜,若米尼功不可没。1853年,克里米亚战争爆发,他又参与制订军事计划,为战争初期俄军打败土耳其军队立下汗马功劳。1855年,他晋升为俄国步兵上将。1869年,终老于巴黎。

晚年,若米尼撰写出版了《法国大革命战争军事批判史》《拿破仑的政治和军事生涯》《战争艺术基本原则》《战争艺术概论》《战略学原理》等著作,理论上总结了拿破仑战争的规律、经验和教训,有人说"拿破仑只是立功而未立言,把拿破仑的战绩加以理论上的解释,是若米尼的功劳"。《战争艺术概论》是若米尼为埃里蒂耶大公组织指挥军事训练而编写的教材,目的是寻找"法国如何进行战争准备,如何提高军官的军事素质问题"的答案。

二、内容梗概

《战争艺术概论》在《论大规模军事行动》基础上修改而成,内容十分丰富。作者以战争的历史事实为根据,总结了法国革命战争和拿破仑战争的经验,概括了18世纪末和19世纪初的战争艺术规律性的基本原理,从战略、军事政策、军事战略和战术等几个方面进行分析与论述,提出了许多当时行之有效的作战指导原则、方法和形式。全书7章47节,约38万字。第1章《战争的政策》,主要按战争目的和形式探讨各种不同的战争。第2章《军事政策或战争哲学》,主要探讨影响战争胜负的各种基本因素。第3章《战略与战略计谋》,探讨了战略的定义、基本战略原则及各种作战体系。第4章为《大战术与交战》,具体分析了进攻、防御、迂回机动、行军遭遇战斗、突然袭击和要塞围攻战等作战形式。第5章《战略战术性混合作战》,分析了钳制攻势、渡河、退却、追击和登陆作战等行动。第6章《战争勤务或调动——军队的实用艺术》,探讨了战争勤务的概念、范围及侦察方法等。第7章《军队的战斗部署和单独或联合使用三个兵种》。为了帮助读者更深入地了解该书,作者还在书的前言部分撰写了《现代战争理论及其作用概论》一文,说明自己的研究方法,回答一些批评者的理论责任;两个续篇系统归纳了全书的基本观点。其体现的主要思想包括:

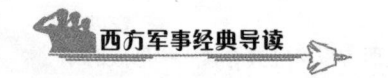

(一)战争是有规律可循的

第一,战争不是数学等科学问题。而是一种艺术,像一部戏剧,有精神或物质等多种因素发挥作用,不能用数学公式来解决战争问题。第二,战争有规律(原理)可循,但其规律必须建立在对战史的研究基础上才能获得。一旦获得,且用于战争实践,战争将获取胜利。第三,人们已经把握了部分战争规律。18世纪末19世纪初,腓特烈大帝、格里毛尔、吉贝尔和劳埃德等已经发现了部分战争规律。第四,战争规律存在不平衡现象。有关战略的规律相对稳定;战术规律却随着武器装备的发展而发生变化。在科技大发展时期,战术也会迎来一场大变革。

(二)战争受多种因素的影响和制约

第一,战争政策的影响和制约。"战争政策就是外交与战争之间的一切相互关系",它能影响战争的性质、目的、时机、规模和战法等。第二,民众力量的影响和制约。在寻求独立的民族解放运动中,全民参与的人民战争,抵抗入侵之敌势不可挡,民众的力量不可低估。即便如此,决策者仍应将纪律严明的正规军作为抵抗的核心力量,民众作为辅助力量使用。第三,精神因素的影响和制约。士气对夺取胜利有重要影响,"军队统帅应尽全力使自己的战士振奋,激起他们的激情"。第四,将帅的综合素质是胜利的保证。一个合格的将帅应做到以下四点:精通战争理论、具有决策能力、具有实际作战能力、具有良好品性。第五,精锐部队的影响和制约。精锐部队可为国家创造奇迹、赢得战争。为此,国家要重视军队。要培养全民的光荣感、英勇精神和尚武精神,提高军人地位。要建设完善的军队。要在军事组织、征兵体制、国民后备军体制、训练体制、军纪、奖惩制度、武器装备发展制度等12个方面达到建设的高标准。练兵常备不懈,在和平时期也能保持一支有战斗力的部队。

(三)战史是研究战争规律和创立理论的基础

若米尼高度重视战史研究在发现战争规律和创立理论中的重要作用,认为研究战史是"发现战争的真正规律"、深入研究战争理论的"不二法门",

认为即便是简单的战争理论,也不能带学究气。"战略是进行战争的艺术,而大战术和战术则是进行交战和战斗的艺术"这一论断是建立在充分研究战史基础上总结出来的战争规律。历史著作分为三类:纯军事历史类、有政治内容的军事历史类和军事历史批判史类。若米尼推崇第三类,认为这类书是"以战争艺术的原理为依据,专门研究各个事件与这些原理之间的关系",如果批判恰如其分而不是求全责备,则非常有益。

(四)实施灵活的战略战术

一是强调主动进攻和积极防御。进攻是一种最积极的战斗类型,分为三种类型:进攻敌国的全部领土或大部分领土的入侵战争;只进攻敌国一个省或一个有限防线的普通进攻;进攻敌军某阵地,只限于一次作战的主动行动。战略和政治上进攻总是有利的,因为是为夺取主动权,可以在敌国领土上进行作战,对自身损害小。军事上进攻有利有弊,进入敌人腹地太深,会加大自身危险,但如果直接打击敌人心脏,可促使战争早日结束。防御则是为在适当时机转入进攻所采取的临时待机行动。进攻优于防御,但也要考虑与防御交替使用。防御包括消极防御和积极防御。消极防御十分有害,要采取积极防御。

二是要集中兵力,重点打击。认为战争的基本原理要求进攻者应把较大的兵力集中于决定点上。

(五)重视预备役的运用

若米尼对预备队做了深入研究,认为预备队在近代战争中地位重要,国家要有全国性的预备队兵役制度,战场上每一级的指挥官都要控制预备队,预备队分为准备征召入伍和战场上的预备队两种。战场上的预备队很重要。

三、后世影响

若米尼通过引用战例,借用"比较法",从研究战史入手,对战争理论问题做了比较系统的探索,提出了许多别具一格的见解。《战争艺术概论》的真知灼见，奠定了其作为军事理论名著的历史地位，其蕴含的军事学术价值，堪与孙武的《孙子兵法》和克劳塞维茨的《战争论》相提并论，成为近代军事教科书的鼻祖、西方军官的必修教材。据说在美国内战期间，南北军军官几乎人手一册。美国"海权论"鼻祖马汉就从中学习了战争原理，将其用于海军战略，恩格斯曾对若米尼做过高度评价，称其为军事方面"全世界公认的权威人士"。若米尼及其《战争艺术概论》对近代军事思想发展的重要贡献，不会随着时间的流逝而被人们忘。

《战争艺术概论》于1838年出版后，被译为英、俄、德、意、日等各种文字，畅销全球，经久不衰，至今都是人们研究军事理论的重要参考。

四、著作局限

作为18世纪末19世纪初的军事理论著作，《战争艺术概论》不可避免地被打上时代的烙印，具有一定的局限性。

一是该书不可避免地反映出某些形而上学和机械论的色彩，譬如，认为战争和战略都是永恒不变的，指出，"唯一不变的东西只有战略，因为战略不受自然条件、武器性质和军队编制的影响"，认为拿破仑的统帅艺术是不可动摇的典范，等等。

二是抹杀民众的阶级属性，认为一个政府为了在政治上谋求统一，使用兵力来对付自己的人民是情有可原的，为在民族战争中获胜，应实行安抚政策，广泛采取恩威并用的手段。

三是夸大统帅在战争中的作用，低估政治、经济因素对战争的影响等。

四是随着军事科技的发展、武器装备和作战样式的变化，若米尼所坚持的作战线思想，以及各兵种安排部署等，均已过时，只能将其作为载体，体会其中蕴含的思维和方法论了。

五、作品启示

《战争艺术概论》问世迄今，虽已过一个多世纪，仍有经久不衰的强大生命力和广泛而深远的影响。其中蕴含了大量可供借鉴的思想理念，比如：军事理论很重要，但实践更重要，军事理论创新应扎根于军事实践之中；抓住主要矛盾；正确认识原因和结果；攻防可以相互转化；依据情况修正作战计划；精神力量能产生物质效应；对群众的意见既要重视，又不能依赖；等等。凡此种种，无不在一定程度上反映着辩证法的思想。

此外，该书对于战术原则、尚武精神、将帅培养等问题也提出了值得我们思考借鉴的观点。如关于战争中人的精神力量的提振、民族尚武精神的塑造、将帅综合素质的要求及培养等。书中经常提及的"因势而动、灵活机动"，作为战争基本规律适用于任何时代。21世纪的今天，陆、海、空、天、电五维体系用于作战，看似战场态势更为清晰，但战争并没因此变得简单，战局仍瞬息万变，因此，仍要认真对待这一原则。

若米尼撰写《战争艺术概论》的目的是讲述战争艺术最一般的原则，而只要战争是人与人之间的战争，战争的本质就不发生变化，战争的原则规律就有它们在新时代适用的空间，现在读该书的意义就会一直存在。

图书信息

[1][瑞士]A.H.若米尼,著.刘聪,袁坚,译.《战争艺术概论》.北京：解放军出版社,1986年出版.

[2][法]若米尼,著.唐恭权,译.《战争艺术概论》.武汉：华中科技大学出版社,2016年出版.

第五讲

近代西方军事经典导读——发展时期

第一节 近代发展时期的西方军事思想

1840—1945 年为近代西方军事思想的发展时期。法国大革命和拿破仑战争把欧洲带入一个崭新的历史时期。1848 年欧洲各国爆发的革命，进一步消灭了封建制度及其残余势力，为资本主义的发展扫清了道路。在 19 世纪的最后 30 年中，欧洲列强疯狂地向外扩张侵略，掀起了瓜分世界的狂潮，反殖民主义的革命在全世界此起彼伏。帝国主义国家在全球范围内争夺霸权，由此爆发的战争具有世界性和绝对性，并充分展示了战争的残酷性和破坏性。这一时期，科学技术飞速发展，带来了社会生产力的巨大进步，引起了武器装备革命性的变化，伴随着坦克、潜艇和飞机等新型作战武器的出现，陆海空三大军种的建设和作战理论相继问世，逐渐形成各自的理论体系。这一时期涌现出的著名军事思想家有毛奇、马汉、施利芬、福煦、鲁登道夫、杜黑、富勒、利德尔·哈特等。代表性的军事著作有《海权对历史的影响（1660—1783 年）》《作战原则》《装甲战》《总体战》《制空权》《战略论》等。

这一时期西方近代军事思想的主要内容大致表现为三个方面：

一是对战争形态有了新的认识。这一时期的军事思想家们都充分认识到，战争的形态与过去相比有质的变化，进入到了全民战争的时代。如果说，全民战争在19世纪还是刚刚萌芽的话，那么到了20世纪，全民战争就已发展到了登峰造极的地步，在不到50年的时间里爆发了两次世界大战。世界大战是全民战争最集中的表现，因而在20世纪，军事家们普遍把全民战争当作主要的研究和准备对象，并作为他们进行军事斗争的出发点。全民战争有许多新的特点，如全民性和全体性。全民战争给军事提出了许多新的要求，如军事在全民战争的基础上应该有革命性的变化，从战略到战术，从军队指挥到后勤保障都应适应全民战争的特点。

二是战略思想异彩纷呈。比较有代表性的战略思想有"海权论""空权论""机械化战争论""总体战理论""闪电战理论"和"间接路线战略理论"等。"海权论"主要由美国人马汉在19世纪末提出，认为海权是一个民族和国家繁荣富强的重要因素。该理论反映了帝国主义国家向海外殖民扩张的利益需求，同时也揭示出了海洋在战争中的重要地位和作用，至今仍有着深远的影响。"空权论"主要由意大利的杜黑等人提出。杜黑认为，制空权是取得战争胜利的重要因素，没有制空权就注定要失败；制空权不仅对陆军的作战行动有着巨大的影响，对海上作战也有着同样大的影响，制空权优于制海权；要夺取制空权，空军只能依靠空中进攻，空军最好的防御就是进攻；一旦掌握了制空权，就可以实施战略轰炸。"机械化战争论"主要由英国富勒提出。19世纪末20世纪初，欧洲国家从农业社会过渡到工业社会，为了适应工业时代的战争，富勒等人提出了"机械化战争论"。富勒认为，工业时代的一个显著特征就是机械化，军队只有实现机械化，才能使攻击力大于防御力，战争才能真正成为艺术。"闪电战"理论主要由德国军界提出，德军总参谋长施利芬是其创始人之一。施利芬认为，现代战争应该是闪击的、短期的，战争从春天开始，不迟于秋日落叶时就该结束。闪击战的实质是在敌人还未来得及完成动员、展开本国武装力量时，就充分利用攻击的突然性、兵力兵器的潜在优势等因素，给对方的战略第一梯队以决定性的杀伤，然后向敌人腹地迅速进攻，在敌方动员和使用其军事和经济潜力之前，将其彻底粉碎，力求在几个月或几个星期的极短时间内夺取战争的胜利。"间接路线战略"理论由英国人利德尔·哈特提出。该理论的基本准则就是"不战而屈人之兵"。他认为,战略的目的是破坏敌人的稳定性,使其自行陷入混乱,自动崩溃。

三是积极倡导以军事技术为中心进行军队建设。这一时期,西方军事思想家们非常重视军事技术、武器装备在战争中的作用和地位,对新技术、新装备非常敏感,注重以新军事技术和武器装备为中心来进行军队建设,军队组织形式的变化以军事技术的发展为转移。坦克出现之后,立即引起了军事家们的关注,在第一次世界大战中,坦克就初露锋芒。第一次世界大战后,各国都大力加大对坦克部队的建设和投入,实现军队的机械化和摩托化成为各国的共识,装甲兵成为陆军中的一个主要兵种。飞机的出现把战争从平面发展到立体,开辟了一个新的战场。第一次世界大战开始时,交战国已经有800多架飞机参加战斗,末期则超过1万架。到第二次世界大战结束时,空军已经成为一个空前重要的军种。海军的建设也主要由技术来推动,随着后动力技术的进一步改进,海军很快组建了潜艇部队。航母诞生之后,海军航空兵也随之成为海军的一个主要兵种。在此背景下,海军很快发展成为由多兵种组成、能进行立体作战和合同作战的军种。除此之外,防化兵、空降兵等新兵种不断涌现,体现了军事技术发展的必然结果。

第二节 《海权对历史的影响(1660—1783 年)》: "海权论"的奠基之作

一、作者生平

《海权对历史的影响(1660—1783)》(*The Influence of Sea Power Upon History*: 1660–1783),作者艾尔弗雷德·塞耶·马汉(Alfled Thayer Mahan, 1840–1914年),美国著名军事理论家和史学家、海军少将,"海权论"的创立者。

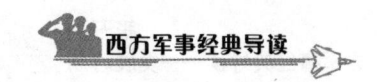

马汉出生于美国纽约一个丹麦移民的军人家庭,父亲是西点军校很有名望的军事学院工程和战术学教授,后来升任为美国陆军军官学校的校长。马汉于1854年进入哥伦比亚学院,两年后转入安纳波利斯海军军官学校,同年考取了安纳波利斯海军学院。1859年毕业后进入海军服役,美国南北战争期间,参加北部联邦海军,并经历过长期的海上生活锻炼。1886—1893年曾两次任美国海军战争学院(US Naval War College)院长,并讲授海军历史和海军战略。1893—1895年任"芝加哥"号巡洋舰舰长,1896年以海军少将军衔退休。1898年美西战争期间,被聘为美国海军战略委员会成员,1899年作为美国代表团成员,出席第一次海牙和平会议,反对裁军。1902—1903年任美国历史学会会长,1908年任美国海军事务委员会主席。1914年病逝。

马汉毕生从事海军历史和海军战略研究,广泛搜集和阅读海战等方面的历史资料,着重研究各国的军事理论著作,对其影响最大的军事理论著述是若米尼的《战争艺术概论》和《法国革命战争史》。马汉一生著述甚丰,1883年其处女作《海湾和内陆江湖》问世,受到广泛好评。在海军学院任教期间,马汉陆续撰写了约20部著作,本书与《海权对法国大革命和法兰西帝国的影响,1793—1812》《海上力量与1812年战争的关系》《海军战略》等著作奠定了马汉的"海权论"的基础,其他有影响的著作还有:《纳尔逊传:大不列颠海上力量的体现》《国际环境中的美国利益》《亚洲的问题》《美国海权利益,现在和将来》等,其有关海权和海军战略的军事理论,对世界许多国家的海军建设和海上力量的发展产生了深远影响。

二、内容梗概

《海权对历史的影响(1660—1783年)》共14章,外加1篇前言,约18万字。1890年马汉就任美国海军战争学院院长时出版此书,并作为教科书使用。该著作发表前,军事战略思想一直聚焦在陆上防御与作战,对海上防卫与作战疏于关注。马汉通过对大量海上战例的战略、战术、装备、后勤等方面的综合分析,得出了国家只有获得制海权才能走向繁荣昌盛之路的结论。其具体内容如下:

（一）论证了获取制海权的动力和重要性

制海权理论指出有效控制海洋的能力，是国家繁荣昌盛的必由之路。其基本逻辑是国家要想繁荣昌盛必须安全顺利地发展对外贸易，而安全顺利地发展对外贸易需要三个条件：

一是存在外向型商品经济模式。即有成规模的以出口为导向的工业生产和商业经营模式，有足够长的海岸线和足够多的能够将上述产品输送海外的优良深水港，并且这些海岸线和深水港不会被窥视已久的敌人所夺取，这意味着国家需要有控制这些战略性海域的能力，从这个意义上说，自给自足的农耕文化国家是不会产生获取制海权需求的。

二是确保海上贸易运输安全。对外贸易国家要想把产品运到海外销售，有陆运和海运两种选择，两者相较，海运具有成本低、运输量大、通达距离远和范围广的优势而会被优先选择，这时国家需要有一定规模的商船队，而拥有成规模商船队的前提是国家的航运业和造船业要发达，并且国家要有能力确保包括海上交通线在内的战略性海域的安全，必要时，还需要破坏敌方的海上交通线，使敌方失去商业的竞争能力。

三是建立和维护海外殖民地。进行对外贸易的商船队远洋过程中，需要有合适的立足点进行补给、避风、修理、停泊、卸货、仓储和交易，而贸易国也需要长远而稳固的商品倾销地、廉价的劳动力和原材料供应地，这就需要在落后地区建立殖民地以满足这些需求，并且要具备管控这些殖民地以维护本国在当地的利益以及防止眼红国家发动战争取代自己的能力。

上述三个条件是对外贸易国寻求制海权的动因，一旦做到，贸易将安全顺利地进行，财富也将源源不断地流向国内，国家的繁荣昌盛指日可待。这正如马汉所推崇的英国沃尔·罗利爵士的一句名言所示："谁控制了海洋，谁就控制了贸易；谁控制了世界贸易，谁就控制了世界本身的财富。"

（二）阐述了影响制海权的六大要素

既然制海权如此重要，那么，必然有诸多国家，尤其是最早确立资本主义生产方式的国家一定十分希望建立强大的制海权，以便本国走上繁荣昌盛之路。然而，历史实践告诉我们，世界上只有少数国家做到了这一点，譬如西班牙、葡萄牙、荷兰和英国等。这就足以说明，建立强大的制海权不仅取决于主观愿望，还受制于客观条件。主要包括六大影响因素：

一是地理位置。有利于建立和发展海权的地理条件是：其一，能方便进出海洋。内陆国家、海岸线或者出海口被他国控制的国家难以获得制海权。德国海岸线短，且进入北大西洋的海上通道几乎都被英国控制，其地理位置不利于获得制海权。其二，能较容易地控制重要国际航线。英国较容易地控制波罗的海出海口以及英吉利海峡，容易获得制海权。其三，陆地邻国不多或没有；需要保持庞大的陆军，可将人力、财力和物力都投入到海防和海军建设。法国与西班牙和德国接壤，需要维护庞大的常备军维护陆上安全，与英国相比不容易获得制海权。

二是天然环境与自然条件。有通往海洋的内水河道、有漫长的海岸线，并且沿岸合理布局深水良港的国家更容易获得制海权；土壤贫瘠、农业不发达的国家获得制海权的动力就更足。譬如土地贫瘠的荷兰以及农业不发达的英国等。

三是领土范围。一个拥有较长海岸线和较多有重要战略价值的深水良港，并且与国家资源及人口等因素协调发展的国家更容易获得制海权。

四是人口数量。从事造船、航海、渔业等海洋事业的人口数量多的国家更容易取得制海权。

五是国民性格。一个国民普遍具有经商头脑和愿意进行海外贸易的国家更容易获得制海权。

六是政府远见。一个拥有把制海权提升到关系国家命运、改善国民福祉这一战略高度的政府的国家更容易获得制海权。在这样的理念下，与民主国家相比，专制国家更容易将手中控制的经费和资源投入到海权建设中去，掌控海权建设的速度、规模和质量，以获得制海权。

（三）阐述了获取制海权的路径

基于维护海上战略海域和航线安全，以及争夺和瓜分海外殖民地的需要，各国需要足够的海上力量制服对方，因此，打赢海战就成了获得制海权的基本方式。而打赢海战就需要建立强大的海军。强大的海军体现在三个方面：一是配有装备精良的重型战列舰。二是海战中能运用灵活机动的战术，包括：（1）占据战场的中央地带，取得控制两端敌人的优势；（2）控制海上交通线，切断敌方供给和退路，保证自己进退自如；（3）以自身舰队对决敌方舰队；（4）集中优势兵力歼灭敌人舰队。三是有能力达成如下战略目标：夺取制海权、控制海洋、消灭敌人的舰队。

三、后世影响

《海权对历史的影响（1660—1783年）》是海权和海军理论的奠基之作是迄今为止关于海上战略最有影响力的著作，与《圣经》等书一起被称为"影响世界历史的十六本书"。该书第一次透彻地阐述了制海权对国家繁荣昌盛的影响，以及在人类海洋争霸史中的重要作用。该书于1890年由美国波士顿利特尔和布朗出版公司首次出版，之后在世界各地出版多个版本，西方的政界、军界和舆论界都对其予以高度评价，也唤醒了诸多国家重视海洋、发展海上力量的战略意识，促成了英、德、日、俄、美诸国海军的崛起，西方主要国家纷纷以此为依据制定国策发展海上力量，也直接推动了19世纪末到20世纪初的海军军备大竞赛。

著作出版之初，首先在英国引起巨大轰动。原因有两个：一是该书以英国海上争霸史为素材写成，许多观点来源于对英国海上战例的分析，而海上称霸上百年的英国国内却没有一本像样的分析自己经验与教训的著述，英国人为此感到震动；二是时值德国海军崛起，正威胁到英国的海上霸主地位，其政界、军界、外交界对建设一支多大规模的海军、发展什么样的海战武器等问题争论不休，该书出版为海军建设派提供了论据，在他们的争取下，英国政府明确地支持了海军的扩建计划，投入了更多的资源，增强了英国国内战胜德国

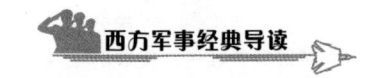

海军的信心。为此，英国人称这本书在"海军史著作方面名列前茅"，并公认马汉本人是"海军的贤哲之一"。当马汉抵达英国时，维多利亚女王接见了他，世界著名的牛津大学和剑桥大学均授予他博士学位。曾在第一次世界大战担任过英国海军大臣的温斯顿·丘吉尔说过："英国对于海军理论尚无重要贡献，世界上最标准的海军理论始创于美国的马汉少将。"

德国是典型的欧洲大陆国家，既无海军传统，也无海战经验，特别是俾斯麦时期将德国的战略目标定于海上。19世纪末，威廉二世执政后决心走争夺欧洲霸权之路。虽然他意识到德国的未来在海上，但对如何提高民众的海洋意识、建立强大的海军缺少足够的理论指导。因此，他看到马汉这本书时，欣喜若狂，说这是第一流的著作，立即下令要求其帝国官员阅读这本著作。时任海军上将的阿尔弗雷德·冯·提尔皮茨因此顺利获得资金成功扩建德国海军，成为第一次世界大战期间英国海军的强大对手。

日本自明治维新后，迅速走上资本主义道路，渴望向西方学习更多的先进科学文化知识。因为和英国有着相似的有利于发展制海权的地理特征以及内在动力，马汉的理论立即得到了日本帝国政府的极力推崇，上至天皇，下至军校学员争相阅读日本译本，很短时间内国内就形成了大力发展制海权的共识，并迅速建立起远东一流舰队，相继打赢甲午战争和日俄战争，日本一举成为世界海洋强国。

俄国最初仅是大陆国家，其统治者也曾渴望使其成为海洋国家，并为打通波罗的海出海口等做出过努力。《海权对历史的影响》一书出版后，迅速得到俄国国内响应，被统治者奉为"海军的《圣经》"。沙皇尼古拉二世借机迅速重振俄国海军，企图与欧洲的海洋强国一决雌雄。

受该书出版影响最深刻、最久远的是对美国。该书出版之时，美国发展制海权可以说是"万事俱备只欠东风"。所谓万事俱备是指美国具备了获取制海权的六个条件中的五个：一是，作为一个海洋国家，不必投入过多资源在陆域防御。二是，拥有漫长而曲折的海岸线、优良港口以及深入内地农业区的大河。三是，领土范围广大，沿海地区人口分布均匀。四是，对外贸易迅速崛起，从事海洋事业的人口数量不断增加。五是，国民具有"爱财"品质，渴望通过对外贸易获得财富。所谓欠的"东风"就是"政府的远见"，美国政府和国会奉行"孤立主义"，对海外贸易持否定态度，设置种种法律关卡限制对外贸易发展，并且不愿在海洋经济方面有所投入，不愿获取海外殖民地等。为此，马汉通过此书向美国决策者疾呼：19世纪末是美国的关键发展期，只有拥有强大的制海权，美国才能成为世纪海洋强国。面对如此清晰的逻辑和成为海洋强国的诱惑，美国上下十分震动，美国第26任总统罗斯福将其称赞为"是此类书中讲得最透彻、最有教益的大作，是一部经典"。美国《芝加哥时报》则评论说："该书令人吃惊地发现，在整个历史上，控制海洋是一个决定国家的领导地位和繁荣的主要因素，同时也常常是决定一个国家存亡的主要因素。美国不仅没有海军，还取消了商船队和相关职业"。其实，也正因为如此，1812年英美战争中，英国海军仅派出几千人就攻陷了华盛顿，将白宫、国会大厦等付之一炬。

痛定思痛，美国政府下决心送上"东风"，"海权论"很快成为美国的主导战略思想，海军战略由沿岸防御转变为远洋进攻战略，一支以战列舰为核心的舰队迅速被建立起来，美国海军从此走上一条完全不同于以往的获取制海权的发展之路，为美国取得并维持近百年的海洋霸主地位立下了汗马功劳。

总之，"海权论"对19世纪末期以来的美国历史和世界历史发展产生了极为深刻的影响。美国海军界人士始终认为，美国自美西战争以来所取得历次重大战争的胜利，以及美国登上世界政治舞台并成为世界超级大国，都应归功于马汉和马汉所创立的"海权论"。在"海权论"的主导下，美国先是打败了西班牙人，不久又与英国人平起平坐。其后，在第一次世界大战中的大西洋战场上，它的舰队与英国海军一道挫败了德国海军。在第二次世界大战中的太平洋战场上，美国海军取得了中途岛、珊瑚海、莱特湾等一系列海战的重大胜利，接着又驶往东京湾，彻底战胜了日本人。战后，美国继续作为世界头号海洋强国称霸于世界的各个大洋上。今天，无论世界上发生了什么事情，无论美国所面临的战略环境如何变化，美国都始终遵循马汉的"海权论"，使之成了一种国家意识，即在任何情况下美国都要保持一支较世界几个主要国家海军力量占优势的海军舰队的思想，从而保证美国始终如一地将海上霸主的地位保持下去。

四、著作局限

尽管该书具有卓越的历史影响力，但是其局限性也非常明显，并且经过一百年的发展，其在当代也出现诸多不合时宜的情况：

一是秉持"强权即公理"的理念，宣扬17—19世纪西班牙、葡萄牙、荷兰、英国、法国等列强百年持久海战的历史经验，宣扬国家使用武力进行殖民扩张的必要性和合理性，其直接的后果是加剧了军备竞争，加剧了帝国主义充分瓜分世界的斗争，使许多落后地区和国家陷入长期的受侵略与受盘剥的殖民地与半殖民地境地。

二是将制海权夸大为国家走向繁荣富强的决定性因素。

三是海军作战理论中的一些观点过于主观和不合时宜。马汉将风帆时代的海战经验，如"舰队对决""集中作战"，理解为"永恒不变"的海上作战原则和机理。首先，其"舰队对决"理论在第一次世界大战期间的日德兰海战和第二次世界大战中的大西洋和太平洋海战中就证明是不成立的，这些海战持续时间长，且需结合陆战和空战完成，单纯依靠短时期的"舰队决战"已经不能适应现代海战的特点和武器装备发展状况。其次，其凭借舰船数量进行大规模接舷战的"集中作战"理论也不适应信息化时代舰队机动力和火力极大提高的特点。再次，其过分强调战列舰的作用。

五、作品启示

尽管有一些局限性，《海权对历史的影响（1660—1783年）》仍给我们一些有益启示：

一是马汉关于"制海权是国家走向繁荣昌盛的必由之路"的观点，经济全球化背景下的今天，加强对外贸易，融入国际分工，是保持国家经济增长和国内外环境稳定的重要手段，更是几经证明的正确的观点，这就需要我们坚持改革开放不动摇，在与世界的经济交融中发展壮大自己。

二是马汉强调制海权的重要性，主要在于能管控对外贸易的海上交通线，这也说明对外贸易中，确保交通线安全至关重要。今天的交通线不仅在海上，还有陆上、空中以及贸易往来不可或缺的网络通道，因此，需要发展多维度立体的交通线安全维护力量。当然，今天海上交通线仍然是最主要和最重要的交通线，除此之外，网络安全成为现今应倍加重视的对外贸易环节，应对上述两个方面投入较多的力量和资源。

三是马汉重视海洋仅着眼于海洋的交通运输职能，未考虑海洋资源的重要性。随着人类开发海洋资源能力的提升，以及《联合国海洋法公约》有关岛屿、专属经济区、大陆架等制度的确立，沿海国之间关于海洋空间以及海洋资源的争夺战加剧，国家发展海上力量已经不限于海军，还包括海上执法力量以及与开发利用海洋资源有关的力量等。

四是与马汉时代不同的是，今天的世界海洋形势和国际战略格局发生了巨大变化，一方面侵略和建立殖民地已成为国际社会禁止的行为，国家开展对外贸易维护其在海外利益，不能再通过使用武力，而是借助协议等和平手段建立海外补给地、发展双边或多边贸易。另一方面国家之间的战略博弈或合作更多地利用海洋空间进行，沿海国必须发展海上力量才能有效维护领土主权、海洋权益，才能通过军事演习、巡航等方式与相关国家展开海上战略博弈，也才能参与国际海上合作，融入国际社会，提升国际影响力。

总之，尽管随着历史的发展、科学技术的进步、海洋功能的扩展、国际规则的变化，马汉的"海权论"若干论点已不合时宜，但是其"发展海上力量—控制海洋—保护对外贸易—国家繁荣昌盛"的思想逻辑却依然有效，在新的时代，只要与时俱进赋予它新的内涵，依然会对国家和军队建设具有重要的指导意义。

图书信息

[1][美]A.T.马汉,著.安常容,成忠勤,译.《海权对历史的影响（1660—1783）》.北京：解放军出版社，2000年出版.

[2][美]艾尔弗雷德·塞耶·马汉,著.李少彦、董绍峰、徐朵,等,译.《海权对历史的影响（1660—1783）》.北京：海洋出版社，2013年出版.

第三节 《作战原则》：指导法军作战的军事著作

一、作者生平

《作战原则》，又名《战争原则》，作者福煦（Ferdinand Foch，1851—1929年），继拿破仑之后法国最有代表性的军事思想家。1851年出生于法国西南部小镇，1873年考入炮兵（骑兵学院）学校，1885年考入法国高等军事学院，后来先后担任该院教授、院长，讲授战略课程。1911年起历任法军师长、军长。第一次世界大战中任第9集团军司令、北方集团军群司令、法军总参谋长和协约国联军总司令等职，曾统一指挥法军和协约国军队总攻德军，对协约国战胜同盟国做出重要贡献。1918年晋升为法国元帅。战后，又相继受领英国元帅和波兰元帅军衔，并被选为法兰西学院院士和全国最高军事委员会委员（主席）。福煦一生著有《作战原则》（1903年）、《战争指导》（1904年）及《1914—1918年战争回忆录》（1931年）等多部军事著作，对第一次世界大战前夕的法国军事思想有相当大的影响。

二、内容梗概

《作战原则》全书12章，约27万字，是福煦早年在巴黎高等军事学院任教师所用讲义的汇编，也是其代表作。该书主要论述了战争的一般理论、近代战争的基本特点、战争指导的原则，近代会战的性质及组织实施等。该书从内容上呈现出一个三环结构：外环是对军事教育的论述，中间环是对作战原则的阐发，核心是对会战艺术的剖析。

（一）该书作为军事学院的教科书，它的外环是福煦的军事教育思想，即关于能否以及如何"教授战争"的思想

就能否"教授战争"这个问题而言，首先，"战争"和"学习"具有不同甚至相反的功能和特点，前者随机、危险，后者理性、冷静。作为战争的物质因素，如装备、补给、地形、优势兵力等，可以计量和估计，相对好把握。作为战争的精神因素，如部队的素质及指挥官的素质、决心、热情等，不能精准计量和估计，不好把握。所以，如果追求"科学"的理论教育，那么结果或者是把战争中的有生命部分即人的精神、智力和体力上的本能和本领等因素摒弃不顾，这就成了畸形的教育，就不可能全面地把握战争；或者是要同时把握战争中的物质因素和精神因素，但这样又会因为后者必然变化而无法确切地把握。因此，单凭推理和抽象的智力劳动来建立完整的战争理论和进行军事教育的想法是不切实际的，只能放弃。然而，福煦并不认为战争就无法教授。他认为，传授战争理论的形式只能是学习并实践军事学说。在他那里，军事学说是和科学不同的一种理论。他引用俄国将军德拉戈米罗夫的话指出，科学和理论是两种不同的事情，正如艺术有自己的理论，但不能因此成为科学一样，说战争是一种科学，就如同说诗歌、绘画或者音乐是一种科学一样荒唐。然而这并不妨碍战争有自己的理论。

（二）剥开军事教育思想的外层，可看到"教授战争"的内容是关于作战原则的思想，这构成该书结构的中环

在福煦看来，军事学说既不是精密的科学，也不是某些狭隘的教条，而是存在永久价值的作战原则，一旦确定，就不能怀疑。在具体运用作战原则时，要根据当时的特殊情况加以调整和节制。军事教育，就是要使人们明确这些原则。只有明确了这些原则，才有可能进一步掌握战争艺术。但由于战争是较高深的学问，只能以具体战例为基础教授战争理论。但不论如何，知识总是必需的。"为了具有行动能力，必须具有知识"。这样，福煦既肯定了教授战争的特殊性，又指出了教授战争的可能性。这种可能性在于军事领域的具体知识可以通过讲授来教学，而有关战争的较高深的学问可以通过研究战史来进行教学。由此，福煦兼顾了军事教育与战争实践两种学习途径。

福煦认为，军事教育的目标就是要培养掌握战争原理，具有战史知识，又能根据战争的具体情况灵活运用这些原理和知识的军事人才。即从科学概念过渡到指挥艺术。

从科学概念过渡到指挥艺术，既是军事教育的目标，又是军事教育的方法。作为方法，从科学概念过渡到指挥艺术，就是要进行结合实际的教育。结合实际的教学，就是把从历史中抽出来的一定原则应用于特殊场合，使学员掌握一定的经验，学习指挥艺术，最后养成不需要推理就能正确行动的习惯。

从战史中抽象出来的作战原则包括但不限于：(1)全民战争原则，即全民参与战争，为此，应吸收国家的全部资源投入战斗。(2)战争结局取决于战争指导的质量的原则，即高质量的战争指导具有加强战备和激发斗志的特点。(3)节约兵力原则，即将全部或主要兵力投放在主要方向夺取胜利，用尽可能少的兵力，在次要方向保障安全，集中兵力歼灭敌人一部分之后，再打击其他敌人。(4)行动自由原则，即保持主动和不受敌人意志控制。(5)安全警戒原则，指能够有效避免敌人打击，不受敌人影响而采取安全的和切实的行动，涉及物质的安全和战术的安全。

（三）剥开中环，可看到贯穿在所有作战原则之中、作为作战原则之核心的会战思想

该书的后三章集中论述了会战问题。福煦强调，没有会战就没有胜负。在会战中，应尽一切努力，求得在最有利的机会中发起攻击。进攻是战争的基本原则，没有进攻便不能战胜敌人，只有进攻才能达成战争的目的。要采取攻势行动，会战是为决定性进攻而实施，进攻和兵力兵器机动在会战中具有

突出作用。

综上,《作战原则》立足于军事教育,阐述了军事教育的前提、目标和方法等重要问题,涉及战争的普遍性与特殊性、战争的确定性与不确定性、知识传授与实践训练、学习中的经验方法与理性方法、战争的原则以及会战的意义等一系列重大问题。

三、后世影响

作为19世纪法国重要的军事理论著作,《作战原则》曾经作为法国陆军大学教材,1903年出版。该书集中反映了福煦的军事思想,对指导法国第一次世界大战行动以及之后的法国军队建设产生重大影响。英国著名军事家富勒曾评论道:福煦的《作战原则》和《作战指导》这两本书是法国陆军的"《新约》全书"。该书不断再版,并被翻译成多国文字,在世界军事思想史上也有广泛影响,至今对战争实践仍有启发和借鉴作用。

四、著作局限

福煦的军事思想具有时代的局限性,对某些问题的认识存在一定的片面性。譬如,不懂军事与政治的关系,一味强调必须使用武力,反对"不战而屈人之兵"。过分强调精神因素在战争中的作用,认为这种作用是决定性的。指出"战争主要是精神力量的较量,胜利是由于战胜者具有精神优势,失败是由于战败者陷入精神崩溃"。

片面强调进攻,推崇进攻至上。福煦有关进攻和防御关系的思想来源于拿破仑、若米尼和克劳塞维茨的军事思想,但却只看到战争中处于强势的一方必须通过会战,也就是进攻达成速战速决的战略目的,而不知道处于弱势的一方必须采取相反的战略方针,即实行持久战,并通过战略上的防御和战役战斗上的进攻,来达到强弱转化的目的。针对拿破仑认为的"即使在攻击性的战争中亦应采用以守为攻的办法,迫使敌人向我方攻击",以及"整个战争的艺术,就是先做合理周密的防御,然后再进行快速、大胆的进攻"的想法,福煦认为"坚守阵地并不是胜利的同义词。如同一个人就此停止不前，不求助于进攻性行动的话，那么他甚至准备失败"。若米尼认为"进攻和防御要适时、适情地运用"，而福煦却认为，"唯有进攻，才能占据精神上的优势，并引起敌方的恐惧，才能从精神上彻底摧垮敌人"。

正是因为福煦的"唯进攻论"，导致法军在第一次世界大战初期片面强调战略进攻，而面对德军的强大攻势猝不及防，最终被迫放弃速战速决的进攻战略。

五、作品启示

福煦的军事思想对于现代军事理论的构建和发展，既有经验可取也有教训要注意。就经验而言，《作战原则》揭示了军事教育思想，如战争是一门艺术，不能把战争作为科学去传授。该书阐明战争有规律可循，在运用战争知识、研究战例基础上总结出来的作战原则，在战争实践中要灵活运用等仍有借鉴意义。就教训而言，福煦没有正确运用方法论，最终导致其沦为"唯进攻论者"，其思想在指导法国第一次世界大战实践中遭受战略上的失败，为国家带来损失和牺牲。

福煦强调会战中进攻的作用，是受其时法国这一主流思想的影响。但是，他却忽略了这一思想产生的武器装备基础与他所在的时代不同了，武器的变化最终会决定战术的变化。福煦没有注意到这个基本问题，只一味地模仿拿破仑，却忘了自己所处的时代弹仓式步枪和速射炮式的新特性。这样一个失误，导致他脱离实际的理论，进而造成法军在第一次世界大战初期损失惨重。其彰显出的道理是：研究和指导战争，一定要着眼于时代特点和战争发展，决不能对他人的理论照搬照抄和机械移用。

图书信息

［法］福煦，著．军事科学院外国军事研究部，译．《作战原则》．北京：军事科学出版社，1991年出版．

第四节 《装甲战》：机械化战争的"圣经"

一、作者生平

《装甲战》作者富勒（John Frederick Charles Fuller，1878—1966年）是英国军事理论家、军事史学家、装甲战理论的创始人之一。1898年，富勒毕业于皇家陆军军官学校，参加英布战争。1913年进入参谋学院深造，出版了其第一部军事专著《对如何训练本土士兵的建议》，还完成了《为战争而训练士兵》的专著，提出的八项军事原则后来相继被英、美等国家军队列入训练和作战条令。第一次世界大战期间，他远征法国参战，推崇新式武器坦克的应用。1912年，富勒被任命为英军坦克部队参谋长，在多次战役中推进英军使用坦克，并对如何运用坦克作战问题进行研究。战后于1920年出版《大战中的坦克》，较系统地论述了坦克制胜理论。1923—1925年，富勒任英国坎伯利参谋学院主任教官，出版《军事改革》，该书通过对第一次世界大战的全面分析，提出了机器时代需要坦克等新武器的广泛应用，以及引入新的作战方式的思想。1926年调任帝国总参谋长助理，出版《战争科学基础》，从军事理论层面描绘机械化战争论蓝图。1930年晋升少将。1932年出版在英国陆军《野战条令（二）》的基础上撰写的《野战条令（三）》讲义（更名为《装甲战》），全面系统地阐述了机械化部队作战，克服了当时西方国家部队已大量装备坦克等装甲战斗车辆，却不懂如何运用这些新式武器的缺陷。1933年富勒退役，1935—1939年，富勒在伦敦《每日邮报》当记者，致力于军事历史的研究与写作，并继续宣传机械化战争理论。

富勒一生著作颇丰，共出版46部军事专著，如《论未来战争》《西洋世界军事史》等，涉及范围从军事理论到军事历史，从战略到战术。其中，《装甲战》是机械化战争理论的代表作。

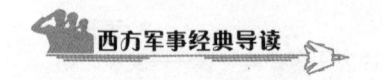

二、内容梗概

《装甲战》是世界上第一本系统阐述机械化部队作战的书。全书13章。各章依次为《武装部队、部队指挥与军事原则》《战斗部队及其特点和武器装备》《参战的战略准备》《作战》《情报》《防护》《进攻》《防御》《夜间战斗》《不发达国家和半开化国家中的战争》《海运、陆运和空运》《命令、指示、报告和电函》以及《内部通信联络》等。

书中系统阐述了机械化军队及其作战在现代战争中的地位、作用和使用原则，分析了汽车、坦克、飞机、毒气等现代武器技术的出现，对战争性质、武装部队的编制体制、战术、后勤、计划、军事原则的影响。介绍了步兵、骑兵、炮兵、装甲部队、工程兵、飞机、烟雾、毒剂的分类及其在作战中的应用。探讨了战略侦察、海外作战、部队开进、作战计划、战斗展开、后方补给、指挥官位置等问题。此外，还对情报与防护、进攻与防御、夜战、山地战、丛林战、沙漠战及军事运输、通信联络等问题进行了论述。其主要观点是：

（一）军队机械化将引起战争的全面改变

富勒认为，在军事史上，蒸汽动力的采用明显扩大了军队的规模，增大了武器的射程和破坏力，增强了军队后勤补给和战略机动能力。而内燃机的出现，推动飞机的发明和摩托化车辆的使用，明显加快了军队的运动速度，大大提高了军队的运输能力，使各国军队在战略战术、组织编制、军队指挥等方面面临着陆战史上规模最大的一次革命，它相当于或可能超过用于海战的蒸汽动力的革命，必将引起战争的全面改变。这种改变体现在三个方面：首先，战略战术上要适应因装甲车的使用而导致的侦察距离扩大、炮战规模扩大、后勤运输范围扩大的变化。其次，军事组织形式上要适应以机械化为主导取代以农业为主导的变化。要招收工人而不是农民当兵。要发展工业制造业，因为工业是机械化的基础，是战争的决定性因素，只有工业国家才能成功地进行有组织的战争。为了适应机械化战争的需要，英国应组建一支小型机械化部队，应重视战争初期用飞机进行战略侦察，发展两栖坦克以执行海外作战任务。为了适应作战的需要,应组建受严格训练的职业部队,取代由短期服役的应征士兵组成的部队,在平时对机械化军队进行严格训练。再次,军队的指挥要适应由指挥编制大的部队向指挥编制小的部队的转变,即指挥机构进行精简并且要求指挥官具有更高的素养。针对机械化军队的特点,应适应"集中使用、高速突破""以机动实现奇袭""破坏敌人的组织,除去敌人的'头脑'""注重协同作战、发挥整体威力"的作战指挥原则。

(二)组建以坦克为主的新型机械化部队

强调建设机械化军队的重要性和方法。认为未来的军队不应由步兵、骑兵、炮兵组成,而应由摩托化游击部队、第一线机械化部队和第二线非装甲部队组成。英国应组建一支小型的具有快速机动能力的机械化部队,包括具有进攻能力的坦克联队和具有防御能力的反坦克联队。坦克联队将拥有侦察坦克、搜索坦克、火炮坦克、攻击坦克和战斗坦克,其战斗队形类似海上作战舰队。反坦克联队包括两大类:一类是装备有反坦克火炮的反坦克炮兵,另一类是工程兵,遂行敷设地雷、设置反坦克陷阱和障碍物等任务。

(三)机械化时代的作战目的和方法

战略的目的是用武力来维护一种政治主张,通常以作战来实现,而作战的目的不在于摧毁物质力量,而在于精神上压倒敌人。机械化时代在精神上打垮敌人的方法是:用飞机的威力瓦解敌方民众的士气;用机械化部队的威力瓦解敌方军队的士气;用摩托化游击部队的威力给敌人造成恐怖与混乱。

三、后世影响

《装甲战》创造性地提出了以装甲部队纵深突破造成敌人战略瘫痪为核心的一整套在机械工业时代准备和进行战争的理论,深刻地影响和作用于第二次世界大战。本书最早于1932年在英国出版,受到西方各国军界的普遍重视,不少国家争相翻译,并将其作为一些军事院校的基本教材。据说,德国最先接受了该学说,将其视为坦克兵的"圣经"在陆军中传播。受富勒的影响，德国也涌现出古德里安、隆美尔、曼施坦因等一大批坦克战专家。第二次世界大战初期，德军运用富勒的机械化作战理论，取得一连串胜利，法国和比利时也运用它取得作战胜利。苏联红军在抗击德军入侵时，把此书作为军官的日常读物。铁木辛哥元帅甚至说，只有克劳塞维茨的《战争论》和杜黑的《制空权》才能与它相提并论。

《装甲战》的许多内容对其之后出现的一些军事理论也起到了启发和促进作用。其"瓦解敌人士气好于对敌武力攻击"的思想影响了利德尔·哈特，后者出版了战略学巨著《战略论：间接路线》。其"攻敌指挥部使敌瘫痪"的思想产生了瘫痪攻击理论，并影响沃登，促其创造了五环打击理论。其"坦克快速、装甲防护和强火力的优点"等论述也成为古德里安创造闪电战的思想源泉。其"将坦克与飞机合编成一支部队，使地面力量和空中力量构成一体，充分发挥各自的战斗能力，利用各自的优长相互配合，以合成作战的威力实现作战目的"的思想，仍在美军重型装备师的作战编成中沿用。

四、著作局限

《装甲战》一书对机械化战争的强调比较绝对。同时，其所探讨的毕竟是机械化战争的战术问题，一些观点随着时代的发展已经失去现实意义，该理论的局限性须在新的战争条件下得以检验和变革。

五、作品启示

《装甲战》作为"第一本完整地叙述机械化部队作战的书"，对机械化军队建设和机械化军队作战方针、原则、方法的论述，都是非常全面和精确的，对现代战争仍具有指导意义。当下一些战争理论仍体现有《装甲战》的理念。比如：现在的信息战是以争夺制信息权为目标，以打击敌方指挥系统、决策程序、战斗意志为重心等。此外，作者阐述的大工业时代的战争方式不能停留于蒸汽机时代的水平，以及今后战争中应集中使用坦克实施深远纵深的快速突击等观点，是建立在"科学技术决定战争形态变化"这一科学结论基础之上的，该理论适用于任何时代，可为当代军事理论家所参考借鉴。

> **图书信息**

[1][英]J.F.C.富勒，著.周德，译.《装甲战》.北京：解放军出版社，1987年出版.

[2][英]J.F.C.富勒，著.周德，译.《装甲战》.北京：解放军出版社，2015年出版.

第五节 《总体战》：纳粹德国侵略扩张的理论基础

一、作者生平

《总体战》的作者埃里希·冯·鲁登道夫（1865—1937年），民族沙文主义者，德国将军，军事战略家。鲁登道夫出生于今波兰的波茨南省，12岁入陆军幼年学校，1890年考入陆军大学。1908—1913年，调任总参谋部第二处处长，主管军队的训练、武装、动员事宜，对德国军队状况有深切了解。鲁登道夫参加过第一次世界大战，率部取得赫赫战功，他还是"无限制潜艇战"的参与实施者。鲁登道夫历任德军总参谋部作战处长、步兵旅旅长、集团军参谋长、东线德军参谋长、德国最高统帅部第一总军需长等职，第一次世界大战后被解除军职，从事政治工作和写作。政治上，1920年鲁登道夫参加了以推翻共和国重建君主政体为目标的卡普暴动。1923年又与希特勒合作，企图夺取全国政权，遭到失败。1925年被提名为纳粹党总统候选人，选举落选。1935年被德国政府授予元帅军衔。写作上，鲁登道夫著有《我对1914—1918年战争的回忆》（1919年）、《我的军事生涯》（1933年）等，《总体战》于1935年出版，是鲁登道夫的代表作。

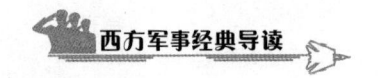

二、内容梗概

《总体战》是鲁登道夫治军理政几十年体会的军事结晶。这部著作从政治与战争的关系、民众在战争中的地位、经济在战争中的作用，以及统帅机构在战争中的作用等多个方面阐释了作者的总体战思想。全书共七章，约8.5万字：第一章《总体战的本质》、第二章《民族团结精神是总体战的基础》、第三章《经济与总体战》、第四章《军队的兵力及其内涵》、第五章《军队的编成及其使用》、第六章《总体战的实施》、第七章《统帅》。其主要思想观点是：

（一）现代战争是总体战争

克劳塞维茨时代那种由政府及其军队进行的"内阁战争"已成为过去。第一次世界大战显示出与以往战争完全不同的特性，现代战争是全面的战争，因为交战国的全部领土将变成战场；现代战争又是全民族的战争，因为参加战争的不仅有军队，而是全体人民。在这种情况下，战争不再是政治通过另一种手段的继续，而是战争和政治都应服从于民族生存，战争是民族生存意志的最高体现。因此政治必须服务于战争。

（二）民族的精诚团结决定总体战的结局

总体战是全民的战争，领导者必须重视人民的力量。"人民的力量表现在其体力的、经济的和精神的力量上，并决定了军队在总体战中的力量强弱。"其中，民族的精神团结是总体战的基础。依靠这种精神团结，人民可以不断向艰苦搏斗的军队输送新的力量，甘为军队服务，甚至在战况艰辛和敌人的攻击下，也能始终保持克敌制胜和不屈不挠的信念。推动民族的精神团结可通过如下途径：控制新闻舆论工具、实行严格的新闻审查、把战局及影响公之于民、利用宗教等进行精神动员以唤起民族精神等。

（三）实行国民经济军事化

为适应总体战争的需要，国家应干预经济，实现平时经济战时化。农业、工业和劳动力是战争的支柱，平时要大量储备粮食、服装、燃料等重要物资，农业必须自给自足。总体战中物资消耗严重,维持战争需要雄厚的财力支持。为此,应把中央银行和发行银行置于国家权力之下,在中央政府的统筹下,扩大军备工业,力争战争物资自给,做好长期战争的准备。

(四)强大的军队是总体战的支柱

要在战前建立一支训练有素、装备精良和编制合理的军队。为此,要做到:实行普遍义务兵役制。对军队进行严格的训练和教育,军事教育必须具有种族特色,焕发民族精神。要按照等级,严格军纪管理。给部队精良的装备器材。军队由海陆空三军编成,并建立后备部队。在人与装备的关系中,要尤其重视人的作用。

(五)建立独裁式的战争指挥体制

以具备卓越的才能、坚强的品格、充沛的精力、敏锐的观察力等优良素质的人为统帅,作为指挥作战的首脑,统帅的决断和意志在各个领域具有权威性。由他来加强国民和军队"在种族基础上"的民族团结、考察与战争有关的各项方针政策、指导战争全局等,并领导由陆军、海军、空军、宣传、军事技术、经济、政治领域里的奇才所组成的国防参谋部来贯彻其思想意志。

(六)实施进攻为主的突袭战略战术

德国所处的地理条件使其不可避免地要进行多线作战,为此,以进攻为主的突袭战略战术对制胜尤为重要。鲁登道夫认为军事行动要贯彻协同、突然、迅猛的原则。陆海空三军要协同,不宣而战,达成战略的突然性。要选定最危险的敌人为主攻目标,在决定性的地区投入最大的兵力,实施最沉重的打击。要速战速决,而不要打一场旷日持久的消耗战等。

总之,鲁登道夫的《总体战》对第一次世界大战做了某种程度的反思和总结,并探讨了第二次世界大战中德国的军事战略,触及一些直接关系战争胜负的重要问题,且作者站在战争实践指导者的高度谈论战争,其论述显得较为通俗和具体。

三、后世影响

鲁登道夫的总体战理论是根据第一次世界大战的经验教训和20世纪初工业生产、科学技术和武器装备发展水平提出的。作者仇视和反对社会主义革命，宣扬种族主义和民族沙文主义，其军事思想适应当时德国复仇主义重新瓜分世界的需要，是纳粹德国侵略扩张政策的重要理论基础。

事实上，在第二次世界大战中，希特勒和纳粹军方全盘接受了鲁登道夫的总体战理论，将该理论用于第二次世界大战，给人类历史造成深重灾难。譬如，希特勒通过1933年的《授权法案》和1934年的《国家元首法》，建立了适用总体战需要的法西斯极权政治体制。通过1934年的《德国经济有机建设条例》和《全国劳工管理法》，建立起了一套适用总体战需要的国家经济管理体制。通过进行疯狂的民族主义和军国主义教育，以及极力向青年灌输纳粹思想和盲目服从"元首"的精神，从而在社会生活上基本完成了适应总体战需要的精神改造。

总体战学说成为德国武装力量的指导思想，鲁登道夫建议突袭英国的思想也被德国法西斯军队加以运用。德国在第二次世界大战中，一般都是在本国做好了动员、集中、展开等一切准备后，一旦时机成熟，便不宣而战，选择出其不意的时间、地点突然发起进攻。所以，有人说看懂了鲁登道夫的总体战，就明白了希特勒的作战路线。

细读此书，对于我们研究包括第一次世界大战在内相关的世界军事思想史，以及探讨第二次世界大战中德国的战争理论、战略思想及希特勒的军事战略，具有较高参考价值，对研究未来战争也有一定的借鉴意义。

四、著作局限

鲁登道夫作为一位民族沙文主义者和反社会主义者，其《总体战》尽管对近代战争的实质和特点等问题做了探索，但其具有较大的立场局限性：一是错误地否定了克劳塞维茨的战争本质论断。认为总体战使战争和政治的本质都发生了变化，政治与战争的关系也必然随之发生变化。由于战争和政治都应服从于民族的生存，而战争是民族生存意志的最高体现，所以政治与战争的关系不应再是战争服从于政治，而是政治服从于战争，政治应为作战服务。二是鼓吹种族主义、反犹太主义。虽然意识到人民及民族的精神团结对实行总体战的重要作用，但避而不谈其进行战争的目的与人民利益的矛盾，而是宣扬军事教育必须具有种族特色，用种族主义和宗教意识作为战争动员的基础，这些都与无产阶级的人民战争理论大相径庭。三是总体战是无情的，不仅针对军队，也直接针对人民，它要求男人和妇女都要不遗余力奉献一切，指出要想赢得战争，全民都必须决心投入战场，每个人都必须不遗余力，奉献全部身心。四是总体战主张不加限制的作战手段。认为对敌国攻击时，也需要对敌国人民的精神和肉体施以攻击，以达到瓦解其精神、瘫痪其生命的目的。这种思想被运用于第一次世界大战中针对盟国的无限制潜艇战，使大批盟国商船葬身于大海。

总之，鲁登道夫作为资产阶级的军事家，其著作在政治上有鼓吹法西斯侵略及民族沙文主义等消极的一面，其宣扬的总体战思想，运用于战争，对世界人民来说就是一场空前的灾难，因此应加以鉴别，批判地吸收该著述中有价值的成分。

五、作品启示

《总体战》作者虽然作为民族沙文主义者，其部分观点有严重的立场局限性，但是由于该书是在总结以往战争经验的基础上，探讨研究了一些直接关系战争胜负的重要问题，一些观点对我们有启发意义。

其一，鲁登道夫所创造的"总体战"这个名词已被许多国家采纳。1943年，丘吉尔曾承认："现代战争是总体性的，其必须得到技术和军事专家的支持方能进行。指导战争的政府首脑不仅应通晓军事、政治、经济等方面的知识，而且还应把上述几个方面的力量协调集中起来，实现战略目标的权力。"

其二，在战争与民众的关系上，鲁登道夫提出的人民是"战争胜负的决定力量"这个观点，揭示了战争的一条重要规律：人心的向背、民族的凝聚力是赢得战争胜利的基础。利用有利的国土环境和众多的人力，使民众在某种意识形态下团结起来，形成合力，是战胜强大的敌人，特别是那些没有现代化武器装备的国家取得胜利的战略条件。

其三，对经济在战争中的地位问题，鲁登道夫正确分析了战争对经济的依赖作用，认为平时充足的物资储备是战时制胜的保障。为此，建议将财政控制在中央政府的手中。通过发展经济，做好长期的战争储备工作。

其四，提出了统帅的素质标准和职能范围。认为作为指挥作战的首脑，统帅的决断和意志在各个领域具有权威性。其主要职责是：研究与战争有关的方针，采取措施使财政和经济符合总体战争的要求，以维持民众生活，保障经济发展以及民众和军队的供给；决定军队编制；统率全军，处理军队平时的训练和装备问题；发布战时动员令、军队开展指令和最初行动命令，统一军队行动；等等。

为了更好地履行职责，统帅应具备下述基本素质：受过严格的教育和训练，具有充沛的精力、高尚的品格、坚强的意志、高度的责任感、广泛的军事知识、难以估量的创造力和意志力、使民众心悦诚服的伟人魅力。遇事沉着稳健，勇于负责，能做出对总体战争结局具有重大影响的决定。知人善任，识人长短，熟知人的心灵，洞察人的动机。迅速果断、机动灵活地指导战争。

图书信息

[1][德]鲁登道夫，著．周德，译．《总体战》．北京：解放军出版社，1988年出版．

[2][德]鲁登道夫，著．魏止戈，译．《总体战》．武汉：华中科技大学出版社，2016年出版．

第六节 《制空权》：专门论述空军战略理论的著作

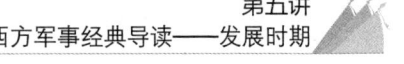

一、作者生平

《制空权》作者朱利奥·杜黑（1869—1930年），意大利将军，著名军事理论家，"制空权"理论的创始人。生于意大利南部军人世家，毕业于意大利陆军炮兵学校、都灵军事工程学院和陆军学院。先后在陆军部队和意军统帅部任职。1904年，为意大利陆军撰写《军用重型车辆驾驶手册》，后任陆军第一摩托营营长。20世纪初，参与研究意大利军队的机械化，预见飞机将在战争中发挥重大作用。意大利政府在杜黑建议下成立航空分队，于1911年首次在意土战争中使用飞行器执行航空侦察、轰炸等任务，取得制空权和战争胜利。1912年推动组建意大利陆军航空营，担任营长，主持编写了第一本航空兵作战使用教令，支持飞机设计师卡普罗尼研制重型轰炸机。在杜黑的推进下，第一次世界大战期间意大利军队的航空力量水平已位列世界前茅。1915年，杜黑任米兰步兵师参谋长，因批评意大利陆军司令指挥无能，被军事法庭判一年监禁。由于杜黑对战争中制空权重要性的论述在一战的多次战役中被印证，战后，杜黑被重新起用，任意大利陆军航空局技术勤务处处长。此后，他对自己多年的观点进行整理，写就《制空权》，并于1921年出版，同时获少将军衔。1922年他出任航空部部长，1923年辞职，潜心从事著述。1930年病逝于罗马。

杜黑一生共出版四部关于制空权的书：1921年的《制空权》、1928年的《未来战争的可能面貌》、1929年《扼要的重述》和1930年《19××年的战争》。1932年这四部著述被合编成一部，命名为《制空权》，在罗马出版，其蕴含的学术思想成为当代空中力量理论研究和实践发展的重要源泉。此处介绍的这本书是上述四本书的合编本。

二、内容梗概

《制空权》是杜黑倾尽毕生心血写就的一部空军战略名著。1921年，《制空权》初版时只有《战争的新形式》《独立空军》《空中作战》《空中战争的组织》四章。1927年再版时,原有的四章合为第一篇,阐述了制空权理论的基本观点,此外又新增了第二篇,进一步强调了制空权的重要性。1932年,出版第三版时,原有的两篇合为第一部,仍名为《制空权》。书中,杜黑着重阐述了如下思想:

一是建立一支独立的空军,并使其成为国家军事力量的主体。飞机用于战争,彻底改变战争面貌,是战争发展的转折点。未来战争将出现一个与陆上战场、海上战场并列的空中战场。独立的空中作战是未来战争战略行动的主要样式,空中战场将是决定性战场,空中战争的胜负将决定战争的结局,空军的作用将超过海军和陆军,因此有必要建立独立的空军,以充分保障国防安全。

二是未来战争中,掌握制空权就是胜利,丧失制空权就是失败。夺取制空权只能依靠空军,空军应将其作为首要任务。而掌握制空权表示一种态势,能阻止敌人飞行,同时能保持自己飞行。

三是空军是一支进攻性力量,不适用于防御。要夺取制空权,就要采取空中进攻行动,要集中力量对敌人军事目标、后方城市、居民中心实施战略轰炸,从物质和精神上摧毁其抵抗力量和意志,迫其屈服。只采取空战或采取防御性措施不能夺取制空权。

四是一支独立的空军应由实力雄厚的轰炸队和与敌人相匹敌的空战队组成。轰炸队用以攻击地(水)面目标,空战队用于空中格斗,以保护轰炸机,对付可能的敌方攻击。陆海空三军应组成为国家武装力量整体,协同作战。

五是加强军事航空的后备力量建设。发展民用航空业,作为空军后备:①创建航空部,加强对航空机构的统一组织和领导。②建立一支充足的民用空中运输队伍。③建立强大先进的航空工业。改进航空技术的四个方面,使其保持先进水平,即增强飞行和起降设施安全性,改进飞机制造材料,增大飞机运载能力和活动半径,以较少的燃料增大速度、改善性能。④吸引民众关心航空建设。

第二部《未来战争的可能面貌》包括四章。通过回顾第一次世界大战的陆战和海战，揭示了未来战争的形势和特点，进一步探讨了航空兵在未来战争中的作用：一是技术进步使武器杀伤力增强，国家需要投入更多的人力、物力参加战斗才有可能取胜。所以，未来战争是总体战，是两个国家或民族之间以全部人员、能力、资源和信念进行的殊死战斗，对敌方上述目标进行打击，将决定战争胜负。二是航空兵的诞生引起战争样式的根本性变化。以往陆战和海战在二维空间中进行，空战的出现使战争不再局限于地面火力的射程，它使战场成为立体的，海空防御不再足以使本国领土免遭敌方空中攻击。未来战争，在空间上将由二维平面推向三维立体空间；在时间上将呈现突然性、快速性的特点。三是夺取制空权决定战争胜负。杜黑认为，夺取制空权就是胜利，在空中被击败就是战败。要夺取制空权，就必须采取进攻行动，即与敌人进行空中交战，或者空袭以摧毁敌人飞机、空军基地，以及城市和居民。其中，后者是最有效的办法，可以摧毁敌方抵抗意志和能力。四是航空兵长于空中进攻，他们可以自由选择攻击目标，并能集中优势兵力给敌以猛烈的突袭，最大限度摧毁敌人的空中力量，夺取制空权。而处于防御地位的敌人不得不把空中力量分散在整个防线的一切地域，被动挨打。

第三部为《扼要的重述》，包括四章，作者通过对各种批评意见的回复，主张未来战争的地面作战应采取守势，而空中作战应采取攻势，通过空中作战来决定战争胜负。

第四部为《19××年的战争》，包括九章，主要以叙事的形式，描述未来欧洲大战的可能面貌。

三、后世影响

《制空权》是一部专门论述空军战略理论的著名军事著作，也是地缘政治理论中空权理论的代表作。该书从战略的高度研究空军的建设、运用以及制空权的重要性等，勾画出战争形态演变的曲线和崭新战争样式的概况，做出"空军的出现改变了战争的面貌，应建立一支独立的空军"等正确判断，书中有关建立独立空军、夺取制空权、集中使用空中力量，以及空中攻击等思想，在当时具有创新性和预测性，引起世界范围的关注，甚至是共鸣。在美国，航空兵军官米切尔也发表多篇文章，并出版《空中战争论》，介绍战略轰炸理论，主张美国应建立独立的空军。

《制空权》所体现的制空权理论，在实践中推进了各国空军建设，尤其是轰炸机的发展运用，使空军在第二次世界大战中成为独立的军种。同时，其思想也经受住了第二次世界大战以及之后高技术条件下发生的几场局部战争的检验。理论上，尽管有人对《制空权》的一些思想，如过分夸大空军作用等做出负面评价，但其核心精神却被世界所普遍认可，许多观点至今被各国军界所重视，由此奠定了其成为西方空军军事理论奠基之作的地位，杜黑本人也被看作制空权理论的鼻祖和空军学术理论的先驱。后人将《制空权》与马汉的《海权对历史的影响（1660—1783年）》并列，称杜黑为"空军的马汉"。美国学者在《制空权》序言中写道：这些著作在军事研究方面是表现意大利人智慧的珍贵文献，有极大的现实意义。

四、著作局限

尽管各国军界充分肯定《制空权》的现实意义，但由于时代的局限，其部分观点是片面的。

一是夸大空军和战略轰炸的作用，认为空中战场是决定性战场，单靠空军轰炸就能赢得战争胜利。

二是过分夸大制空权的作用，认为掌握制空权就是胜利，在空中被击败就等于最终战败，这种绝对化的观点已多次被战争事实所否定。如第二次世界大战期间的莫斯科保卫战，掌握着制空权的德军并未取得战争的胜利。

三是极力反对发展防空力量，认为配属航空兵及地面防空资源是多余、无用的，甚至有损于独立空军的建设。现代战争的实践证明，重视地面防空和支援陆、海军作战是现代空军的重要任务。

四是主张对战争手段不加限制、对军用和民用目标不加区分地滥用武力。

指出要使用空中力量，结合使用爆破弹、燃烧弹、毒气弹等，对敌人的后方城市和居民进行攻击。

五是认为陆军和海军作用迅速下降，继续注重陆军、海军的建设是"在做损害国防准备的蠢事"。保持一支能对付敌人有限进攻的小规模陆军、海军部队即可，应大力扩充空军部队。

六是在战略运用上，主张陆军、海军部队实施防御，空军实施进攻，夺取制空权就能赢得战争。

上述这些观点都因具有片面性而不能适应现代化战争的需求，阅读时需加以甄别。

五、作品启示

《制空权》是西方军事空权理论的奠基之作。至今，许多观点仍有借鉴价值。譬如，夺取制空权的重要性。这一道理扩及适用于当代六维战场空间。即应努力建设天、电、网等每个维度战场空间控制权所对应的力量，使军队获得在这个维度上的行动自由，限制敌方的行动自由等。再如，三军协同作战的思想。杜黑虽然夸大空军的作用，但是也首次提出海陆空三军协同作战的观点。认为每个军种只是作战整体的一部分，战时，领导这种合成使用的人应把各军种看成是实现同一目标的一个整体的组成部分，新的战争学说也应以诸军种合成使用为基础。

图书信息

[1][意]朱里奥·杜黑，著.曹毅风，华人杰，译.《制空权》.北京：解放军出版社，1986年出版.

[2][意]杜黑，著.宋毅，译.《空权论》.武汉：华中科技大学出版社，2016年出版.

第七节 《战略论》:"间接路线"战略理论的奠基之作

一、作者生平

《战略论》,又名《战略论:间接路线》,作者巴茨尔·亨利·利德尔·哈特（B. H. Liddell Hart, 1895—1970 年）,英国军事记者、军事理论家、战略学家。利德尔·哈特生于法国巴黎,早年就读于英国剑桥大学。第一次世界大战期间服役,任步兵团军官,在对德作战中负伤。战后,参与修订《英国步兵训练手册》,提出"洪水泛滥"式进攻战术。20 世纪 20 年代出版《步兵战术学》等专著。1927 年因健康原因退役,加入英国皇家军事教育协会,先后任英国《每日电讯报》军事记者、《泰晤士报》军事专栏评论员和《不列颠百科全书》军事编辑。1937 年任英国陆军大臣的军事顾问,致力于军事改革,后辞职专心从事军事理论、军事历史的研究和著述,是富勒"机械化战争学派"以坦克作为主要进攻力量主张的积极倡导者。主要著作有《大战略》《英国式战争》《第一次世界大战战史》《第二次世界大战战史》《沙漠之狐隆美尔》等。其中,《战略论》是其代表作,1929 年以《历史上的决定性战争》为名称出版,1941 年增订本改名为《间接路线战略》,1954 年修订本改为《战略论》。

二、内容梗概

《战略论》全书四编,22 章,另有三篇附录和 17 幅地图,约 38.6 万字。第一编为从公元前 5 世纪到公元 20 世纪初这段历史中的战略,第二编为第一次世界大战的战略,第三编为第二次世界大战的战略,第四编为军事战略和大战略的基础。利德尔·哈特通过研究西方 2500 年来的 30 场战争、280 余个战例以及两次世界大战的经验教训,发现只有六个战例凭借直接路线取胜,即便如此,这些战例也受到间接因素的影响。因此,他得出结论认为"间接路线比直接路线优越得多""最完美的战略是那种不必经过严重斗争而能达到目的的战略"。基于此,利德尔·哈特创建了"间接路线"战略理论,即指避免正面强攻,尽量减少实施战斗行动,综合使用手段,出其不意地使敌人在物质和精神上同时受损失,之后视情况实施进攻。其具体观点包括:①战争的根本目的是获得巩固的和平,而不是追求绝对的胜利,战争的实行要用理智来控制。②战略是一种分配和运用军事工具以达到政治目的的艺术,一个成功的战略必须把目的与手段正确地协调起来。③战略的目的在于造成一种最有利的战略形势,即破坏敌人的稳定性,使之在心理上和物理上失去平衡,这样只要继之以会战,就一定可以取得决定性战果。④在战争中使敌人丧失稳定性的最有效办法就是采取间接路线,即采取物理性的和心理性的两种战略行动。其中,前者运用四种战略行动,即破坏敌人的部署、分割敌人的兵力、危害敌人的补给系统、威胁敌人的交通线。⑤作战指导要遵循八条原则,即根据手段选目标、时刻记住既定目标、选择敌人期待最小的行动路线、沿着抵抗力量最小的路线采取行动、选择可以同时威胁敌人几个目标的作战路线、计划要有灵活性、不要全力进攻有戒备的敌人、失利后不要再按同一路线和部署去进攻。

三、后世影响

《战略论》一书通过对280余个战役的分析,得出"间接路线为最有希望且最为经济的战略形式"的结论,"间接路线"理论在第二次世界大战前,就在欧洲一些国家受到不同程度的关注。如在德国,勃罗姆堡、勃劳希契、伦斯德特、赖歇瑙、曼斯坦因、隆美尔、古德里安等一些高级将领,对间接路线战略中有关坦克集群作战的思想尤为重视并加以吸收。战后,一些欧美名将公开宣称自己是利德尔·哈特的信徒。巴顿曾说过他长期从利德尔·哈特的著作中汲取营养,受益匪浅。隆美尔曾说,"如果英国在战前就重视利德尔·哈特所揭示的现代战争理论,那它就不至于遭到如此多的失败"。以色列前参谋长亚丁自称是利德尔·哈特的学生,他认为以色列之所以与周边众多国家抗争每每获胜,主要原因是采取了"间接战略"。

二战后,《战略论》在世界各国广为翻译出版,成为西方军事理论史上的经典之作，不少国家军事院校将其当作必读的军事经典著作和教科书。因为此书，利德尔·哈特也被西方奉为"军事理论教皇"，与克劳塞维兹同时被誉为西方战略思想史中的战略大师。

四、著作局限

尽管该书具有卓越的历史影响力，但其局限性也非常明显，如一些历史事件及其一些重要战略被忽略了。未对"间接路线"的确切含义做出科学说明。在方法论上为证明"间接路线"的至高无上性，只搜寻对其有利的证据。将间接路线推崇为至高无上甚至唯一的战争法则，完全否定直接路线的作用，简单而机械。

五、作品启示

《战略论》给我们如下的启示：

首先，《战略论》将战略分为大战略、战略和战术三个层次。其中，大战略的层次最高，然后是战略，最后是战术。大战略是协调和指导一个或几个国家使用包括军事、政治、经济等在内的一切手段达到战争的政治目的。战略是分配和运用军事工具，以达到政策目的的艺术。战术是军事工具和实际战斗合而为一，处理和控制那些直接行动的方法。利德尔·哈特关于大战略概念的提出，扩大了军事战略的外延，使军事战略超出了原有的狭窄范围，置身于政治、经济、外交、资源及商业等广泛的领域之中，是战略研究的进步。

其次，要集中力量打击敌人的弱点。在任何竞争中，只有击败对手才能获胜。而在未克服对手的抵抗之前，应首先减弱他的抵抗，最有效的方法就是将其引到自己的防线之外。这就是间接路线战略的精髓所在。因此，"间接路线"不仅是战争的定律，更是一个哲学上的真理，在战争之外，于人类生活中的政治、经济活动等各个方面，都有着广泛的应用。当你面对对手时，首先要想办法分散对方的力量或注意力，使其暴露出自身弱点，然后集中自身力量攻击敌方薄弱环节。

再次，战略的目标是使敌人丧失平衡，尽量减少抵抗的可能性。我方在运用兵力时要讲究效能，既不能太多，也不能过少，以能破坏敌人的平衡、使敌人减少抵抗为目标。为此，注意运用两种作战方式：运动和奇袭。运动对应的是物质领域，需考虑时间、地形和运输能力。奇袭对应的是心理领域，需考虑影响敌人意志的多种因素。其中，奇袭重于运动，对敌人的精神打击比对物质打击更为重要。这颇有些像中国古代的"不战而屈人之兵"，采取多种方式使敌人丧失战斗意志而放弃战斗，比打垮敌人的装备更为重要。

图书信息

[1][英]巴兹尔·亨利·利德尔－哈特，著．中国人民解放军军事科学院，译．《战略论》．北京：战士出版社，1982年出版．

[2][英]李德·哈特，著．钮先钟，译．《战略论：间接路线》．上海：上海人民出版社，2019年出版．

第六讲

现代西方军事经典导读——冷战时期

从第二次世界大战结束至今,军事上处于从核威慑下的机械化战争向信息化战争过渡的时期。西方军事思想相应分为两个时期:冷战时期和冷战结束后的时期。冷战时期,即从第二次世界大战结束到20世纪90年代初期,以美国和苏联为首的两大国际政治军事集团之间进行了长期的冷战,美苏等国家及一大批军事理论家围绕核战争及核威慑条件下的常规战争等问题提出系列理论观点和看法。冷战结束后,即20世纪90年代初期至今,世界主要国家正式启动和推进新军事变革,积极进行军事理论创新,工业时代的军事思想加速向信息时代的军事思想转变。

第一节 冷战时期西方军事思想概述

第二次世界大战结束后,西欧列强的衰落带来了整个世界战略格局的变化。战后,美国经济实力的增强和垄断资本主义的发展,使美国更加依赖海外出口市场、海外进口原料和能源,更加追求资本输出。这就决定了美国经济上的对外渗透和扩张欲望越来越强烈,也决定了美国外交和军事政策的取向。美国统治集团开始制定和推行称霸世界的全球战略。环顾战后世界,崛起于资本主义世界之外的苏联成了美国霸权道路上最主要的障碍。美苏实力相当、国家战略

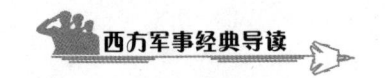

目标相背、意识形态对抗，这使得世界不可逆转地进入到两极抗衡的时代。1947年杜鲁门主义的提出宣告美苏战时联盟的正式破裂，反苏反共被公开确立为美国的国策，拉开了美苏两极冷战对峙的序幕。

冷战时期，随着现代科技的迅猛发展，美国经历了一场以信息技术为中心的新技术革命。核能技术、电子计算机技术、航天技术、微电子技术，以及新材料、新能源等一系列新技术迅速发展起来，并首先应用于军事领域。这对美国武器装备发展的影响超过了美国历史上任何一次科学技术的变革，相继出现许多先进武器装备：由原子弹到氢弹，由战略核武器到战术核武器，由洲际弹道导弹、潜射导弹到战略巡航导弹和反导导弹；由各类军用卫星、宇宙飞船、航天飞机到反卫星武器等。经过几代更新，还出现了不少威力大、精度高、反应快的现代常规武器以及先进的侦察、指挥、控制和通信设备等。

这一时期比较有影响的军事理论学者有布罗迪、杜勒斯、基辛格、麦克纳马拉、康恩、泰勒、柯林斯、格雷厄姆、博弗尔等，有影响的著作有《绝对武器》《音调不定的号角》《大战略》《高边疆——新的国家战略》《大胆的政策》《核武器与外交政策》《有限战争》《战略入门》等。西方军事思想内容上主要包括两大部分：核战争理论和常规战争理论。

一、核战争理论主要内容

（一）核战争是一种新型的战争形态

核战争与以往战争相比具有更大的毁灭性、快速性和决战决胜性。由于核武器的巨大威力，战略轰炸将是进行战争的主要方式。战略轰炸的目标选择主要是在摧毁城市和消灭敌人空军之间进行。美国的大规模报复战略、相互确保摧毁战略和苏联的火箭突击战略，都以摧毁城市为目标，而灵活反应战略和相互确保生存战略，则是侧重于以对方的核力量为打击目标。

（二）应该认真准备核战争

康恩认为，认真地、全面地探讨核战争是非常必要的，也是可行的。特纳指出，那种认为全面核大战将毁灭人类的观点是悲观、消极的论调，经过充分的准备，核大战将不可能毁灭美国。苏联也认为军队应该时刻做好应对核大战的准备。世界核大战是所有战争中最具决定性的战争，这将导致资本主义的失败和苏联共产主义的胜利，苏联军事战略的主要目标就是赢得核战争的胜利，并相信他们将在核战争中取得胜利。

（三）防御在核战争中仍然占有极其重要的地位

布罗迪认为，核防御分为积极防御和消极防御两部分。积极防御是设法击落携带核弹的飞机或导弹，减少敌人投到目标上的核弹的数量。消极防御则是尽量降低那些投到目标上的核弹爆炸的损伤后果。这种核防御思想在美国根深蒂固。从20世纪80年代的里根政府起，美国就开始大力发展核防御力量，从"星球大战"计划、全球保护系统、弹道导弹防御系统，一直到现在的国家导弹防御系统，都充分反映了美国对核防御的重视。

（四）核战略本质上是威慑战略

布罗迪认为，与传统的威慑相比，核时代的威慑战略必须绝对有效，不允许失败，因为失败就意味着核大战的全面爆发。威慑并不以核力量的优劣为转移，在核时代，居于劣势一方的军队也有可能保持强大的潜在的威慑力量。威慑战略应该和实战战略相结合，以威慑战略为主，实战战略为辅。威慑的作用主要不是取决于第一次打击能力，而是取决于核报复能力。而博弗尔认为威慑的本质在于不确定性。

（五）有限核战争是对全面核战争的一个有效补充

美国军事理论家们认为在全面核战争之外，美国应该把有限核战争作为出路之一。在有限核战争中，对敌攻击的目标、地区以及所用武器的大小都应该有限制。战争的有限性不仅决定于一方的意图，还取决于另一方如何理解对方的意图，因此，要在战争爆发前，通过外交途径将己方对有限核战争的理解告知对方，使双方在核战争的有限性上达成一致。

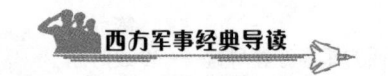

二、常规战争理论主要内容

越南战争和第四次中东战争等战争实践，使美国等西方国家的军事理论家们开始反思现代战争实践对传统的常规作战理论的挑战，先后提出了"空地一体战"和"低强度冲突"等理论。"空地一体战"理论是联合作战理论的雏形，主要是为了对付苏联的大纵深战役理论而提出来的。"低强度冲突"理论是20世纪80年代初，美国里根政府提出并推行的一种小规模军事冲突理论。"低强度冲突"是指一种有限的军事、政治斗争，旨在达成特定的政治、经济、社会或心理目的，通常局限于一定的地域，使用的兵力、兵器数量以及作战规模和激烈程度往往有限，其特点有三个：一是政治与军事紧密结合，战略和战术融为一体。二是军事冲突的规模小、战斗强度低。三是采用高技术手段速战速决。

"低强度冲突"的主要样式包括：①反"暴乱"作战。美国政府为帮助别国政府防止或平息"暴乱"而采取的政治、经济和军事行动。②对付"恐怖行动"。包括防恐怖行动和反恐怖行动。前者是对人员、部队和设施采取保护措施，以防止恐怖分子可能的攻击；后者是用特种部队对恐怖分子采取进攻性行动。③应急作战。对"危害"美国及其盟国利益的国家或组织实施快速打击与突然袭击，营救被扣押的人质，显示武力或使用特种部队通过战斗搜集情报。④"维护和平"活动。根据联合国和某项国际多边协定，美国派遣军事人员监督停战、停火或建立边界缓冲区和维护治安。上述四种样式的低强度冲突有时互相交错，实战中没有明确界限。

"低强度冲突"理论是美国"有限战争"理论的发展，适应了美国以低风险实现其有限政治目的、维护其全球利益的战略需要。

第二节 《绝对武器》：最早的核武器军事专著

一、作者生平

《绝对武器》，全称《绝对武器·原子力量与世界秩序》（The Absolute Weapon-Atomic Power and World Order），作者为伯纳德·布罗迪等人。布罗迪（Bermard Brodie，1910—1978 年），美国军事理论家，生于美国芝加哥，1932 年获芝加哥大学哲学学士学位，1940 年获该校博士学位。大学毕业后，布罗迪一直从事教学与科研工作，1940 年任普林斯顿高级研究所研究员，1941 年任达特茅斯学院讲师，1943 年在美国海军预备役服役，1945 年任耶鲁大学副教授、国际关系学导师，1946 年到美国国防军事学院任客座教授，1966 年任加利福尼亚大学洛杉矶分校社会科学系教授。

布罗迪一生著述较多，早期多以海军战略为主题，核武器出现后，主要集中于核武器专题。先后出版过《机器时代的海上力量》、《海军战略指南》、《绝对武器》、《核子战》（1965 年）、《逐步升级与世界秩序》（1966 年）、《导弹时代的核战略》（1973 年）、《战争与政治》等。其中，《绝对武器》于 1946 年在美国出版，反映了刚进入核时代时，美国军事理论界对核战争与核战略的基本看法，开创了核战略理论研究的先河。

二、内容梗概

《绝对武器》是布罗迪与其耶鲁大学同事关于原子武器及其政治影响等的论文合集，对原子武器的作用、原子时代防御的主要原则及其影响做了研究与探讨。全书包括一篇序言和三个部分，共 5 章，约 11 万字。弗雷德里克·邓恩撰写序言《共同的问题》。第一部分《原子武器》，包括布罗迪的两篇文章《原子时代的战争》《与军事政策有关的问题》，主要论述原子时代的战争特点以及原子弹与军事政策有关的问题。第二部分《政治后果》，包括阿诺德·沃尔弗斯的《苏美关系中的原子弹问题》和珀西·E. 科比特的《对国际组织的影响》

两篇文章，讨论了苏美关系中的原子弹问题和原子弹对国际组织的影响。第三部分《控制》，包括威廉·T. R. 福克斯的《国际社会对原子武器的控制》一篇文章，阐述了控制使用核武器和限制制造核武器的基本情况。主要观点包括：

（一）鉴于核武器的威力，需弄清其特点以作为制定国策的基础

布罗迪认为，原子弹是一种破坏力无法估量的绝对武器，它的使用会对作战方式和国防政策产生极大影响，为了制定正确的国防政策，必须首先弄清原子弹的特点以及对战争的影响。为此，他概括了原子弹的八个特点：一是具有使用一颗就能摧毁一座城市的巨大威力。二是没有有效的防御手段。三是运载工具的效能决定原子弹效能的发挥，这会促使越来越多的国家优先发展运载火箭和远程轰炸机等运载工具。四是有了原子弹，不掌握制空权的国家也可以利用远程轰炸机突破敌国空军防线，抵达目标实施核轰炸。五是一个拥有原子弹数量优势的国家不能保证其在核战争中的战略优势。六是基于体积的庞大和使用的复杂性，很难运送原子弹到另一个国家进行秘密破坏活动。七是制造原子弹的原材料容易获取，其普及的可能性很大，美国不可能长期垄断原子弹。八是无论美国如何保守秘密，其他大国将在5~10年内拥有生产原子弹的能力。

（二）原子弹的恐怖威力促使国家运用军事力量的目的从赢得战争转为防止战争

布罗迪认为，原子弹具有绝对性，体现在：即便国家战胜了敌国，也可能遭受对方原子弹的报复反噬。原子弹打破了进攻与防御的传统关系，建立了武器与战争的新关系。原子弹时代无防御可言。武器与战争的关系由发明武器为了赢得战争，转为制造核武器为了制止战争。

（三）原子弹的发明改变了战争与政治的关系

以往，战争是政治的继续。原子弹问世后，核战争一旦爆发，难以让政治继续下去。解决核战争问题的主体不再是军人而是政治家。原子弹以及核战争从军事问题演变为纯政治问题。有核武器的国家，对国家领导人素质产生更高要求，他们必须懂得如何控制和使用核武器。其次，政治家们必须商讨建立一种国际制度，通过国际协议来严格控制原子弹的生产，以防止引起可怕的军备竞赛。

（四）原子时代要制订特殊的国家防御计划

未来，即使战争中不轻易使用核武器，平时双方的战略或战术部署都将受到原子弹阴影的有力支配，会出现一种全新的国家防御方式。该方式的核心是在农村和偏远地区建设人员避难所和物资储备库，尽量疏散大中型城市的人口和工业，以降低核武器攻击目标的聚集程度，避免在敌人原子弹的打击下，国家陷入全面瘫痪。美国应具备二次核打击能力，即平时采取特别保护措施，确保核反击力量在遭受敌国核袭击时不被摧毁。

（五）美苏高质量的威慑力量将是和平的可靠保证

《绝对武器》的作者之一沃尔弗斯论述了美苏关系中的原子弹问题。他认为如果不能很好地处理美苏关系，那么第三次世界大战将是原子战争。在美国有原子弹，而苏联没有原子弹时，苏联一定会竭尽全力研究制造原子弹，以寻求与美国的平衡。美苏都拥有原子弹的情况下，双方一定会为形成均势力量而进行裁军谈判。为此，双方在充满分歧和不信任的情况下，美国要真诚地以和平方式解决与苏联的分歧，尽量避免出现新的分歧，同时运用国际协议和国际控制来消除原子武器带来的危险。

（六）将持久和平寄希望于联合国组织

《绝对武器》的作者之一科比特就原子弹对国际组织的影响问题做了专题探讨。认为鉴于原子武器的威力，各国要想在原子武器时代保持自身安全，需要推动国际社会成立相关机构限制原子武器的制造、拥有或使用。联合国确立的"通过和平方式解决国际争端"原则对阻止使用原子武器进行侵略是一个好的开端。

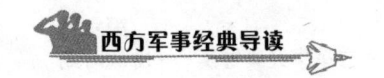

（七）探索出适合原子战争的作战方式

布罗迪针对原子战争中的一些具体问题，提出了某些颇具启发性的见解。例如，他认为国家一旦决心在战争中使用原子弹，就应该启用尽可能多的原子武器，一举摧毁敌人的全部重要目标，完全打掉敌人的核反击能力。为了更好地组织作战，应将武装部队按功能分成三类：用原子弹进行报复的部队、担任进入并占领敌人国土的部队、抵御敌人入侵的部队。其中，第一类部队分散部署在偏僻地区，阵地要保密，尽可能藏于地下，配备独立可靠的通信保障系统。其司令官应拥有充分的自主作战指挥权。一旦他确认本国遭到核攻击，并且本国最高军事指挥当局被打掉，或本部与该指挥当局的通信联络被切断，他应有发动核报复的命令权。核攻击后，入侵敌国领土的部队，规模应相对小些，完全职业化，训练有素，装备精良。其任务是进入敌国领土，夺取敌分散部署在各地的核兵力兵器阵地，阻止敌发动大规模核报复。因此，其作战行动必须十分迅速有力。防御敌人入侵的部队，其规模应相对大些，并且应充分发挥民兵和准军事部队的作用。组织此类部队进行防御作战时，必须预先制订完善的计划，武器、补给物资和通信运输装备的储备必须充足，有作战自主权和较强的机动能力，且做到最大程度的分散部署。

三、后世影响

第二次世界大战末期，尽管美国在日本投下两颗威力巨大的原子弹，但无论在军事理论界还是民间，对核时代的到来反应仍相对迟缓，对这一威力巨大的新型武器对战争样式的影响尚缺乏足够的认识。《绝对武器》就是在这样的背景下问世的。它是人类第一部研究核战略理论的著述，书中讨论了威慑、有限战争、军备竞赛、核扩散等问题，有关谁拥有更强的核武器运载能力，谁就能将对手置于恐怖危险之中的一些预见，不仅对核武器及其运载工具的发展、对拥有核武器国家的战略思想和基本防务政策产生了深刻影响，而且对美国政府的遏制战略及核战略理论产生影响。在美国的核战略理论和军事政策中，该书的影响随处可见。如该书提出核威慑是时代的必然产物，杜鲁门政府最先将核威慑战略作为美国军事战略的重要内容，以后各届政府的核战略名称虽然各异，但主体内容都未能超越"核威慑"这一框架。苏联等国家的核战略也不同程度地受到布罗迪理论的直接或间接影响。

核武器问世至今，有关核武器的理论著作为数不少，但在理论深度与广度上超过《绝对武器》的却凤毛麟角，少数与之齐名的著作，也无不以《绝对武器》的理论见解为基础。

四、著作局限

本书由于是论文集，缺乏体系化和系统性，且论述比较简略。

五、作品启示

虽然布罗迪等作者的《绝对武器》写于70多年前，但提出的许多有价值的理论观点对于我们认识当代大国的核战略、探索核武器的控制仍具有借鉴和参考价值。譬如，布罗迪提出用核均势和平衡理论来解决核武器难以控制的问题，效果显著，且在现实中予以运用。该观点认为原子弹特性决定世界上没有任何一种力量可以阻止一个国家去研制原子弹。所以，单纯靠销毁或者减少原子弹数量是不现实的，只有通过一定措施实现有核国家之间的力量平衡，彼此威慑才能得以解决。其中，核威慑理论是指与拥有多少数量的原子弹相比，国家具备核反击能力，即"第二次打击"能力更为重要，它直接可以威慑对手不敢轻易发动核战争。从迄今为止各国间进行的核军备控制谈判和达成的核军备控制协议来看，布罗迪理论影响深远。

图书信息

［美］伯纳德·布罗迪，著. 于永安，译.《绝对武器》. 北京：解放军出版社，2005年出版.

第三节 《音调不定的号角》："灵活反应战略"的奠基之作

一、作者生平

《音调不定的号角》（*The Uncertain Trumpet*）是美国"灵活反应战略"的创始人马克斯维尔·达文波特·泰勒（Maxwell Davenport Taylor，1901—1987年）的代表作。

泰勒生于美国密苏里州，美国陆军上将。1922年毕业于西点军校。1937年任美国驻华副武官。1939年进入陆军军事学院深造。1942年任步兵第82师（后改为空降师）参谋长，参加第二次世界大战，战绩卓越，其间晋升为准将。战后，泰勒于1945年被任命为西点军校校长，组建军事战略理论科研组织，深入研究未来军事战略，初步形成其"灵活反应战略"。1949年泰勒担任美国驻欧洲军队参谋长，1951年又任陆军副参谋长，1953—1955年任驻韩美军司令，1955—1959年任美国陆军参谋长。任陆军参谋长期间，他对国际政治经济，尤其是军事形势及发展态势做了战略分析和宏观研究，对艾森豪威尔政府忽视常规部队而过分依赖核武器的国防政策进行批评，并系统整理其研究成果和战略思想后，撰写出版了《音调不定的号角》。

1959年泰勒退役，美国哈珀兄弟出版社于1960年出版该书。因受时任美国总统肯尼迪的重视，1961年泰勒被任命为总统军事顾问，参与策划"特种战争"的规划和实施。泰勒的"灵活反应战略"也因此获得在美军实施的机会并取得系列成绩。1962年，泰勒又被任命为美军参谋长联席会主席。1964—1980年任美国驻越南大使、总统特别顾问、国防分析研究所所长等职。

二、内容梗概

《音调不定的号角》的书名源自《圣经》上的一句话："若吹无定的号声，谁能准备打仗呢？"该书主旨是抨击美国艾森豪威尔政府奉行的"大规模报复战略"，指出美国国防体制的弊端，提出"灵活反应战略"。

《音调不定的号角》共九章，分别为《极端荒谬的论点》《大规模报复原则的产生》《新面貌政策在实施中（1953—1956）》《"新面貌"衰老了（1956—1959）》《军事战略的制定——理论方面》《参谋长联席会议的工作》《决策的失败——军事战略实际上是如何制定的》《灵活反应——新的国家军事计划》《号声响亮的新军号》。

（一）批评"大规模报复战略"

泰勒认为，当时美国政府实施的"大规模报复战略"，源于杜黑的"空权论"和美空军的"战略轰炸决胜"思想。这一思想认为，美国只要在战略打击能力方面保持对苏联的优势，不仅可以遏制大战的爆发，而且也会因为苏联怕局部战争引发世界大战，而避免小型战争的爆发。因此，空军主张大力发展战略空军，削减常规部队。但是，泰勒认为，战略轰炸调查局的报告显示，上述战略"已经走进死胡同"。因为，第二次世界大战中，对德国的战略轰炸不是取得胜利的决定性因素。朝鲜战争、越南战争、中东战争等实践证明，"大规模报复战略"不能消除局部战争与动乱。局部战争中，决定战争胜负的是步兵部队。同时，自"大规模报复战略"问世以来，世界形势已发生重大变化，美国丧失了核垄断地位，"相互威慑"时代已经来临，目前最可能出现的战争样式首先是"冷战"，其次是"大战以外的军事冲突"，最后才是"大战"。为适应形势变化，"灵活反应战略"取代"大规模报复战略"势在必行。在此战略指导下，美国促进核力量现代化的同时，也需要提高进行有限战争的能力。而在有限战争中，陆军作用是不可取代的。建议在此基础上建立实施有限战争的统一司令部，发展战略空运与海运力量，同时放弃"美国堡垒"思想，主张通过在海外驻军和提供军事援助等形式，加强应付海外战争的能力。

（二）指出美国国防体制存在的问题

泰勒认为，体现美国国防政策的文件以及参谋长联席会议都未能就一些基本问题给出清晰答案，这些问题涉及"大规模报复"和"灵活反应"两个战略的冲突、对核武器的依赖程度、大战与有限战争的定义与实施、各种部队的编成与数量等。

（三）提出美国应采取的战略方针和武装部队建设方向

泰勒首先分析了美国国防建设存在的问题，譬如许多武器对苏联时丧失优势、导弹防御能力不足、常规部队处于劣势、过分信赖遏制大战的能力、在大战中求生的准备不足等。在此基础上，提出系列改进措施，其中，应急措施包括：①改进有限战争的计划与措施。②发展中程弹道导弹。③加强对战略空军司令部的保护。④适度建设发展防放射性微粒的掩体。根本措施包括：①以"灵活反应战略"取代"大规模报复战略"。只有在发现对美国大陆和欧洲发动了核攻击时才启动使用核力量。除此之外，时刻准备在任何时间和地点，以适当的武器和部队对危机做出反应。②明确世界大战和有限战争的定义与计划。为了贯彻"灵活反应战略"，必须重新确定各军种的职责和任务、抛弃一切过时的军事思想、改革国防体制、增加军费、优先使核威慑力量现代化、增强进行有限战争的能力。

总之，泰勒认为，在相互威慑时代，"大规模报复战略"已经过时，应反对片面发展空军和过分依靠原子武器的做法，主张三军平衡发展，鼓吹在准备原子大战的同时，强调打有限战争，以及以所谓的"灵活反应战略"取代"大规模报复战略"。

三、后世影响

《音调不定的号角》一书中体现的军事战略理论，对美国军事战略的调整起着基础性指导作用，对美军建设、武器装备发展计划、部队结构等也都产生了重要影响。

有战略学专家认为，美军迅速超越老牌军事强国，成为世界军事霸主的重要原因是他们尽早地接受了泰勒的新军事战略理论。在他国尚未认识到"灵活反应战略"价值时，美国就已经开启了这项战略工程，并建立起与之相适应的军队编制体制。美军的陆军、海军、空军以及特种部队的建设无不按照"灵活反应战略"进行建设。在其后的对巴拿马作战、袭击利比亚、海湾战争、科索沃战争中，美军都以其灵活反应和迅速机动取胜，印证了泰勒战略理论的正确性。

虽然该书已出版60年，但包括"灵活反应战略"在内的诸多观点并没有过时，仍是军队力量建设与运用以及研究美军战略思想的重要参考。

四、著作局限

由于"灵活反应战略"将矛头指向民族解放斗争，致使美国在这种思想指导下陷入越南战争无法自拔，最后只能以失败告终。

五、作品启示

《音调不定的号角》给我们如下的启发：作者泰勒因时制宜制定出符合时代发展变化的战略，建议运用于美军的建设与发展。在判断美国相对于苏联丧失核优势地位，即便打赢了核战争，自己也会面临灭顶之灾的情形下，提出了由"灵活反应战略"取代"大规模报复战略"，以确定相互威慑时代新战略的思路。进而指出应区分战争样式，在准备打核大战的同时，重点打赢有限战争，并根据进行有限战争的需要，确定武装部队的建设方向，以及制订适应"灵活反应战略"的国家军事计划，运用军事力量的目的由打赢战争转变为遏制战争，尽最大可能避免核战爆发。发展常规力量和战术核武器，以确保在小的战争冲突中取得胜利。

图书信息

[美]马克斯威尔·D.泰勒，著.北京编译社，译.《音调不定的号角》.北京：世界知识出版社，1963年出版.

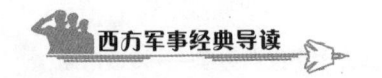

第四节 《大战略》：
对美国军事战略产生深远影响的著作

一、作者生平

《大战略》（*Grand Strategy*）是美国海军学会出版社 1973 年出版的一部比较系统论述美国战略问题的著作，也是现代西方大战略理论的代表作。作者约翰·柯林斯（John M. Collins）是美国著名战略理论家，著有《完美表达》《大战略》。

1896 年柯林斯出生于美国新奥尔良。1917 年毕业于美国西点陆军军官学校。1919 年在美国驻德国占领军中服役，并晋升上尉。1932 年晋升准将。1933 年毕业于美军指挥与参谋学院。1942 年任美军第二十五师师长，参加了瓜达尔卡纳尔岛战役，晋升少将。1944 年任美国驻英国的第七军军长，参加诺曼底战役。1945 年晋升中将。1947 年历任美陆军副参谋长、参谋长。1948 年晋升上将。1953 年任美国驻北约的军事委员会代表。1956 年退役，先后任美国国会研究防务问题的高级专家、美国国防大学战略研究所所长。他声称，其撰写《大战略》的目的是引起人们对战略的广泛兴趣，激发有创见的思想家的想象力，启发一种真正具有独创的见解。

二、内容梗概

《大战略》是美国在越南战争败局已定的历史背景下，从大战略的角度对失败的教训进行总结的产物。作者认为多年来美国人没有很好地研究大战略，在越南战场上尽管美国的军事技术"出类拔萃"，但由于多数决策者过于热衷使用武力，忽视了《孙子》"上兵伐谋"这句名言，结果输掉了战争。作者强调如果没有深谋远虑的政治战、经济战、社会战和心理战的配合，军队是不能取胜的。美国今后必须从大战略的角度指导战争。

《大战略》全书分 6 个部分，共 29 章，另含代序和前言：

第 1 部分《大战略的结构》包括第 1—4 章，分别是《目的与手段》《对威胁的估计问题》《战略的实质》和《作战原则》。论述了大战略与国家安全利益、目标、政策以及国家力量各组成部分的关系，并对国家战略、大战略和军事战略的区别、基本战略样式、主要战略思想学派、作战原则等问题进行了评述。

第 2 部分《战略环境》包括第 5—8 章，分别是《全面战争的性质》《有限战争的性质》《革命战争的性质》和《冷战的性质》。叙述了当代的战略环境以及由此引起的各种战略问题，如全面战争、有限战争、革命战争和冷战的性质、原因、目标、方法、计划、需求、定义、战略战术等。

第 3 部分《当代美国各派军事思想》包括第 9—19 章，分别是《美国安全的外来威胁》《美国大战略的概貌》《威慑的概念》《战略报复的概念》《战略防御的概念》《灵活反应——美国战略的一个组成部分》《美国关于集体安全的概念》《美国对欧洲的战略》《美国对东亚和西太平洋的战略》《美国对中东的战略》和《反暴乱的战略思想》。概述了第二次世界大战后美国朝野对外来威胁、大战略、威慑、战略报复、战略防御、灵活反应、集体安全、在欧洲的战略、在亚太地区的战略、在中东的战略、反暴乱战略等一系列问题的不同看法与反应。

第 4 部分《特殊考虑事项》包括第 20—25 章，分别是《地理的影响》《武装部队的特点》《军备控制的影响》《经济与财政方面的制约》《科学、技术与战略》和《民族特性及其态度》。分析了一些需要特殊考虑的与大战略有关的问题，如地缘政治理论、军备控制、国防经济、科学技术、民族特点等。

第 5 部分《通往战略优势的道路》包括第 26—28 章，分别是《成功的战略家的特征》《培养创造性的思想》和《怎么办》。介绍了发现、动员、鼓励和指导战略人才的方法，并特别描述了成功战略家的一些基本特征等。

第 6 部分《战略的运用》运用以前各章的理论和分析方法评价越南战争中双方使用的战略。包括第 29 章《越南战争：对大战略的一个实例研究》。

上述6个部分的主要观点包括：

一是所谓大战略是指在各种情况下运用国家力量的一门艺术和科学。它是通过威胁、武力、间接压力、外交、诡计以及其他可以想到的手段，对敌人实施各种程度和各种样式的控制，以实现国家安全的利益和目标。大战略寻求的不是战争的胜利，而是有利的战略形势，或者说是持久的和平。大战略运用得成功，则会减少暴力的使用。大战略支配着军事战略，而军事战略只是大战略的一个组成部分。

二是全面战争是美苏之间的核大战。冷战是"冲突光谱下端的国际紧张局势的一种活跃状态"。有限战争是在全面战争与冷战之间存在着的一系列正规战争的统称。革命战争是"用自学的努力,通过非法的强制手段去夺取政权"。

三是成功的战略家应该具有如下共同特征：才智、智力具有主动性，分析能力敏锐，坚韧，能言善辩，眼界开阔，有预见性，等。

四是应当根据不同的战争实施不同的战略，例如连续战略和积累战略，直接战略和间接战略，威慑战略和实战战略，打击军事力量战略和打击社会财富战略，等。

五是没有一条作战原则是永恒不变的，应通过正确运用作战原则实施战略指导，常见的12条作战原则涉及内容有：目的、主动权、灵活性、集中、节约、机动、突然性、扩张成果、安全、简明、统一指挥、士气等。

六是大战略受各种因素的制约，如地理条件、武装部队的特点、军备控制、经济和财政方面的制约、科学和技术方面的条件、民族特性及其态度的影响。

七是大战略的结构包括目的与手段两部分。目的是国家的安全利益和目标，手段是国家现有的各种力量。目的必须与手段相适应，如果目的和手段脱节，就会遇到难以估计的风险。

三、后世影响

柯林斯编写《大战略》的目的是为当局制定战略献计献策，并向公众鼓吹其战略思想。与其他同类著作相比，作者从国家安全利益、目标、政策、国家力量各组成部分，以及地理、经济和科学技术等方面，系统而全面地论述了大战略理论：既勾画了大战略的结构，又明确了国家战略、大战略和军事战略之间的区别与联系；既剖析了美国主要的军事战略概念，又概述了美国在全球各地区的战略；既分析了全面战争、有限战争、革命战争和冷战的性质，又研究了对付各类战争的战略选择。

在书中，作者也较客观地肯定了中国古代兵家孙子的历史地位，承认马克思、恩格斯、列宁、斯大林、毛泽东是"公认的战略创新者"。该书因其全面系统以及概念清晰，被认为是现代西方战略理论的代表作，对美国战略思想的发展具有较大的学术意义和实用价值，也为我们认识和理解美国军事思想及军事战略提供了新视角。

四、著作局限

由于作者是美国资产阶级的战略理论家，因而尽管不得不承认列宁、毛泽东是"成功的战略家"，但又对列宁尤其是毛泽东等的评价带有明显的阶级偏见，对当时世界某些问题的看法也是错误的，需要读者在阅读时注意甄别。

五、作品启示

由于大战略堪称国家的总体战略，它关乎一个国家的存亡、贫富、强弱和兴衰，因此引起了国外战略界及战略专家学者的高度重视，尤其是近年来，军事领域众多学者对此有较多涉猎。《大战略》一书作为作者多年研究美国军事战略的成果，其中一些观点有新颖和独到之处，对研究美国的军事战略以及中国大战略理论在方法论上有一定的启示：

一是大战略的时空范围具有宏观性和全局性。大战略是最高层次的国家战略，它不仅优先于并支配军事战略，也优先于并支配政治战略、经济战略等。它不仅适用于战时，也适用于平时。它既考虑战前，也考虑战后。它既关注战争，更关注和平。它既研究国家安全问题，更注重研究国家发展问题，是战时与平时、战争与和平、安全与发展的统一观。

二是大战略涉及的领域具有综合性和系统性。它主张摆脱狭隘的军事观点，要从军事因素和非军事因素的结合上，从政治、经济、军事、文化、外交、科技等多领域，从更高、更广阔的视角研究把握战略问题。

三是大战略的核心是保护国家根本利益。大战略要确保维护国家生死攸关的根本利益，同时兼顾国家的重要利益，因此国家利益是制定大战略的前提和基础。

四是大战略的关键是实现目的与手段的协调一致。大战略的目标不能超越国力的承载量，并有相应的政策和策略与之配套。不应简单地应对威胁，而应力求防患于未然。不能仅考虑如何赢得战争，还须考虑所要付出的代价及其所造成的后果。其中，必须谨慎节制地使用军事手段，既要保持强大的军力，以应对可能发生的战争及危机，又应力求实现不战而屈人之兵的目的。

五是大战略的运用必须依靠综合力量。大战略必须善于将军事和非军事等国家综合力量整合为一体，广泛运用政治、经济、军事、科技、地理、心理等因素和手段，发挥综合力量的整体威力，保证大战略目标的实现。

图书信息

[美]约翰·柯林斯，著.中国人民解放军军事科学院，译.《大战略》.北京：中国人民解放军战士出版社，1978年出版.

第五节 《高边疆——新的国家战略》：美国太空战略的理论基础

一、作者生平

《高边疆——新的国家战略》(*High Frontier—A New National Strategy*)，作者为美国的丹尼尔·格雷厄姆（Daniel O.Graham），曾任美国国家安全委员会特种计划室主任和国家安全事务助理，退役的美国陆军中将。1976年从国防情报局局长位置上退休后，历任迈阿密大学国际研究所教授、研究员等职。

早在20世纪50年代，美苏开始了争霸太空的角逐。60年代后，双方从以发展军用卫星为主转向以发展太空武器为主，太空的军事竞赛日趋激烈。这种竞赛既是双方军事科技实力的较量，也是双方太空战略理论思想的较量，美国政府急需找到一种能指导太空战的军事理论。在此背景下，格雷厄姆于1980年首次提出"高边疆"（太空领域）概念，并在里根总统支持下，于1981年组建了由30多位科学家、经济学家、空间工程师和军事战略家组成的"高边疆"研究小组，研究构建系统全面的"高边疆"理论，形成的研究报告，命名为《高边疆——新的国家战略》。该理论的实质就是使美国开拓和利用空间领域发展经济和加强军事实力，在美苏的全面竞争中占据战略优势。

二、内容梗概

《高边疆——新的国家战略》是探讨美国"星球大战"计划和空间战争战略的重要著作。该书分为八章，依次为《战略》《军事方面》《非军事方面》《间接推动》《紧急要求和费用》《影响》《实施》《条约方面的考虑》。书中首次提出了"高边疆"战略的概念，认为美国应把竞争的重点转向占优势的太空技术领域，以取得全面竞争的主动权。同时还系统地论证了分阶段、分步骤研制、

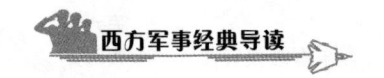

部署多层弹道导弹防御系统的必要性,并从财政、政治、法律和技术等方面分析了该方案的可行性。作者特别指出,"高边疆"战略主要有三大目标:一是消除苏联军事力量对美国及其盟国的威胁。二是用"确保生存"战略取代"相互确保摧毁"战略。三是提供开拓空间工业和商业潜力的巨大动力,促进美国向工业领域高技术部门的投资。

主要观点包括:(1)美国奉行的"相互确保摧毁"战略并不能为美国提供有效的核保护,它束缚了美国进行军备控制的能力,从而导致美国及其盟国在核攻击和核讹诈面前无所作为。(2)为了消除苏联军事力量对美国及其盟国现有的和日益增长的威胁,美国需要彻底摒弃"相互确保摧毁"战略,实行"高边疆"战略。(3)美国要充分利用空间技术优势,把防御系统有效地部署在空间,摆脱不稳定的"恐怖平衡",走向"确保生存"的世界环境,并努力促进美国经济的发展。(4)为了保证美国和盟国的战略思想体系从"相互确保摧毁"彻底转向"确保生存",唯一的出路就是部署全球弹道导弹防御系统。(5)虽然"高边疆"战略强调大力加强美国的进攻性战略力量,但并不排斥替换过时的战略轰炸机、导弹、潜艇等常规武器装备。(6)"高边疆"战略的主要军事影响是能以最快速度、最经济的方法达到美国的安全要求。(7)美国实施"高边疆"战略,可使苏联面临可怕的武器竞赛,从而加重苏联的技术和工业资源负担,动摇苏联在过去20年里花费巨资建造起来的战略结构根基。

三、后世影响

从《高边疆——新的国家战略》一书中我们可以清楚地看到,格雷厄姆和他的"高边疆"研究小组对战争问题的考虑和研究是多方面的。从冷战到热战,从核战争到常规战争,从全面战争到局部战争,从联盟战争到双边战争,从正规战争到非正规战争,从高强度战争到低强度战争,从地球战到太空战,设想了各种情况。尤其是对于他对太空作战系统的地位与作用的全面认识以及科学求实的设计,里根总统和美国的一些军事、政治、科技界人士普遍认为这一战略在军事上是可靠的，在技术上是可行的，在财政上是负责的，在政治上是现实的。

该书于1982年由美国"高边疆"学会出版问世后，立即受到美国政府军方和公众的关注，不仅对美国当时的政治、经济、军事和高科技发展以及世界局势均产生重大影响，也在理论和技术上为美苏的空间争夺提供了充分的理论和技术上的论证性依据。次年，时任美国总统的里根以此为基础，正式提出具体的"星球大战"计划（战略防御倡议），改变了原来所奉行的"相互确保摧毁"战略，以强化战略防御，来增强战略威胁。该书较为全面地概括了美国空间军事思想的成果，并不乏一些前瞻性的思考，堪为研究美国"星球大战"计划和探讨空间战争的重要参考书，它对认识美国提出的"导弹防御系统"也有一定的参考价值。

四、著作局限

由于受其立场和认识的局限，作者对于"高边疆"战略的论述难免有偏颇之处，且对"高边疆"战略的实施乐观有余，却对其在政治经费等方面的困难估计不足，致使其成为一场劳民伤财的宏伟计划。之后，美国在导弹防御系统的建设上也困难重重、举步维艰。

五、作品启示

格雷厄姆能够站在时代最前列，根据国际局势和科学技术发展，提出太空这一新的军事活动领域。认为太空作为独一无二的环境，具有零重量、近理想真空、无限吸热能力、无菌，以及拥有取之不尽的矿源和太阳能等优势。随着航天器、定向能以及动能武器的发展，太空必将成为除陆海空以外的第四战场，成为未来战争必争的"新高地"，谁首先控制这个新高地，谁就能威胁和压制对方，从而在未来战争中取得优势的战略地位。这样一种思想启发我们在任何时候都要走在时代前列，抢占科技、新领域、新材料的制高点，在军事上形成先发制人的战略优势。

图书信息

［美］丹尼尔·格雷厄姆，著．张建志，马俊才，傅家祯，译．《高边疆——新的国家战略》．北京：军事科学出版社，1988年出版．

第七讲

现代西方军事代表作导读——冷战后时期

冷战结束后,世界形势发生了巨大变化,政治格局由两极向多极过渡,经济全球化趋势锐不可当,军事领域掀起了一场有史以来最为深刻的新军事革命,这些变化促使西方军事思想获得较快发展。

第一节 冷战后西方军事思想发展的背景

冷战后,信息技术发展为西方军事思想创新奠定了社会物质基础,而国际战略格局的巨变为西方军事思想发展提供了外部条件。

一、信息技术发展为西方军事思想创新奠定社会物质基础

20世纪90年代以来,信息技术发展突飞猛进,人类社会由工业时代正式步入信息时代,2003年由联合国主导的第一次"信息社会世界峰会"正式确认全球范围信息时代的到来。信息技术率先应用于军事领域,引起了人类历史上第四次军事革命,即以信息化技术为核心和以信息化战争为标志的新军事革命。这次世界性的新军事革命促使军事理论、武器装备、体制编制、战争形态、作战方式等发生巨大变化。与以往的军事革命相比,这次新军事革命具有深刻性、广泛性、快速性、突变性和发展的不平衡性等特点,对军事思想的创新和发展

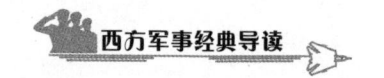

提出了更高要求。科索沃战争、阿富汗战争和伊拉克战争的实践表明，战争的信息化程度越来越高。美国提出新军事革命的核心是信息化，未来战争是信息化战争，要利用信息优势和数字化部队建设，拉大与其他国家的军事技术差距。战争形态正在由传统的机械化向信息化方向发展，信息化战争及相应的理论与实践不可避免地成为现代军事思想的重点内容。20世纪90年代末，美国颁发《联合信息行动》条令后，俄罗斯也颁发《俄罗斯联邦信息安全学说》，力求提高国家在未来战争中的信息斗争能力。此后，英国颁发了《陆军数字化总纲》，世界其他国家也开始将国防与军队建设的重点向信息化方向转型，以适应信息化战争的需要。

二、国际战略格局的巨变为西方军事思想发展提供外部条件

20世纪90年代，两德统一、苏联解体、华约解散、两极体制崩溃，冷战正式结束，笼罩在两个大国集团之间的应对世界核大战的威胁逐步消散，取而代之以应对信息化条件下的局部战争和应对恐怖袭击等非传统安全威胁。各国纷纷调整军事战略。海湾战争后，美国坚持核威慑战略，由遏制苏联的进攻转为遏制任何潜在敌国的核攻击，由遏制核战争和全球规模常规战争转为遏制大规模战区战争及恐怖主义组织的核、生物、化学武器袭击。美国大力发展战区导弹防御系统和国家导弹防御系统，提出"新灵活反应战略"和"低强度冲突""空地一体战""海空一体战"等理论，利用高技术优势，加速军事革命的步伐，提出进行信息作战、全维作战、机动作战、精确作战、非接触作战、非线式作战、非对称作战等新的作战设想和理论。俄罗斯强调要做好应对各种形式战争的准备，军事战略的重点是应对武装冲突和局部战争，同时保持已有的技术优势和火力优势，重视联合作战和信息作战。德国积极应对新的挑战，提出战略指导要威慑、实战、危机处理三位并重。法国在推动欧洲防务一体化中，提出全方位防御，大力发展信息化的高技术装备。日本与美国进行军事合作，在通过《日美防卫合作指针》后，联合开发战区导弹防御系统，强调以加强信息战能力为中心的作战能力建设。

第二节　冷战后西方军事思想的主要内容

冷战后西方军事思想主要体现在各国的国家安全战略报告、防务审查报告、代表性著作，以及作战条令等相关文件中，内容主要体现在以下几个方面：

一、认为当今世界正处于深刻的军事革命之中

军事理论界认为当今世界正处于深刻的军事革命之中，正在兴起的新军事革命将从根本上改变战争形态和作战方式。新军事变革的任务是把工业时代的机械化军队改造成信息时代的信息化军队，构成军队的要素都要实现从工业时代向信息时代的质变，实现军备体系的系统化、军制体系的一体化、指挥体系的扁平化网络化、战争体系的信息化等。新军事革命的主要内容包括军队人员知识化、武器装备智能化、作战编成一体化、战场要素数字化、作战方式精确化、作战空间多维化、后勤保障集约化等。

二、在战争理论方面提出了许多新的理论

探讨战争的理论非常多，比较有影响的是文明冲突论、信息战争论和人道主义战争论。文明冲突论最早由美国著名的政治学家塞缪尔·亨廷顿提出来。亨廷顿认为，冷战后，文明之间的冲突取代了意识形态的冲突，成为现代战争的根源。文明间的冲突主要有两种形式：断层线战争和核心国家的战争。

信息战争论是当代西方军事思想中的一个重要部分，也是其区别于以前军事思想的一个重要标志。西方军队认为随着人类从工业社会向信息社会过渡，信息战争必将成为未来信息社会中的主要战争形态。在信息战争中，战争中的军事目的不再是消灭敌人的军队，而是利用各种信息化的武器装备和军队去攻击敌人的认识系统和信念系统，迫使敌方放弃对抗意愿，停止作战，以此来取得战争的胜利。信息战争具有战争内涵扩大、参战人员众多、伤亡破坏减少、战场十分透明等特点。

人道主义战争论是西方用自己的人权观和价值观来认识战争的理论。西方

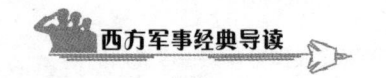

国家认为,当今的地区冲突大多以国内种族或部族相互杀戮的形式出现,存在大量"非人道行为",且常常是久拖不决。这些冲突对地区稳定和西方的价值观提出了严峻的挑战,因此,对这些国家进行人道主义战争是合理的。西方的战争理论是他们在全球推行新干涉主义的理论基础。

三、对战争主体、战争威胁和战争起因有了新的认识

西方军事学界普遍认为国家不再是战争的唯一主体,战争主体向多元化方向发展。宗教团体、恐怖主义组织、部落、贩毒集团、跨国集团等都可能成为战争的主体和战争的发动者。因此,原来针对敌方大规模军队进犯而形成的战争指导理论需要革新。当今世界面临的威胁扩展为非军事威胁、非国家威胁和国家威胁。非军事威胁包括自然灾害、饥荒、难民、非法移民等。非国家威胁包括各种国际性、地区性和国内性政治、经济、宗教、种族、文化、犯罪、恐怖主义势力等。国家威胁是指主权国家间的威胁。现代战争的起因归纳起来主要有利益冲突、文明冲突、领土争端、资源争夺、武器扩散、恐怖主义、人道主义、毒品走私、国际犯罪、环境恶化等。

四、作战理论发展迅速

作战理论是冷战后西方军事思想中最为活跃的一部分,近年来,各种新的作战理论如雨后春笋般地涌现出来,如联合作战理论、全维作战理论、信息战理论、机动战理论、特种作战理论等等。比较新的作战理论观点主要包括:现代战争的主要作战形式是诸军兵种联合作战。联合作战是整体作战,诸军兵种遵循统一的指挥、统一的作战思想,协调一致地组织实施陆海空天的作战。联合作战是全纵深作战,在联合作战中非线式作战是基本方式。联合作战的核心是筹划联合战役,联合战役是联合作战最高的表现形式。制信息权对战争的胜负有重要的影响,物质、精神和信息是构成当代军队战斗力的三大基本要素,信息将取代物质和能量成为决定战争胜负的重要因素。特种作战对于维护国家安全具有特别的作用。随着战争主体泛化,国家面临的威胁

多样化,战争行为不规则化,以及低强度冲突成为当今世界上主要的战争形式,特种作战在战争中的地位越来越重要。在未来战争中,外层空间将成为战争双方争夺的一个重点。在战争中,掌控制天权将成为夺取制空权和制海权的先决条件之一,因此,军队在准备与实施战役和战斗行动时,应最大限度地利用己方的航空航天系统能力,并摧毁敌航空航天系统,夺取制天权。

五、强调军队信息化是军队发展的主要趋势

强调为了适应信息战争,必须运用信息技术建设军队:一是提高武器装备的信息化程度,实现作战手段的信息化。机械化武器的物理效能已经发展到接近极限,要提高武器装备的威力,必须进行信息化建设。二是进行数字化战场建设。其目的是通过对信息的获取、交换和使用等,勾画出一幅通用的、与战场相关的画面,以便及时满足各级指挥官、战斗人员和保障人员的信息需求,缩短采取行动的决策周期。三是建设数字化部队。就是指使用数字化装备,以数字化信息为媒介,对兵力兵器实施指挥控制,建设通信技术数字化、C^4I 系统一体化、武器装备智能化、作战系统网络化的部队。

第三节 冷战后西方军事思想的代表作(上)

为迎接新军事变革、国际格局变迁,以及海湾战争、科索沃战争、阿富汗战争和伊拉克战争等信息化时代局部战争的挑战,各国军事理论家纷纷著书立说,新观点、新理论层出不穷,出现了诸多比较有影响的军事著作。这些著作主要侧重于探讨高技术条件下局部战争的客观规律及指导原则,以及新战争形态下军队建设和国防建设的指导方针与原则等方面的内容。美国的代表性著作有《美军大改革——从越南战争到海湾战争》、《未来的战争》(《战争与反战争》)、《下一场战争》、《高技术战争》、《高技术与新军事革命》、《信息战争》、《决战信息时代》、《数字化战争——来自前线的观点》、《信息时代

的战争法则》等。

一、托夫勒的《未来的战争》

《未来的战争》，美国 A. 托夫勒和 H. 托夫勒著，美国华纳出版公司 1993 年出版。中译本由阿迪、马秀芳译，新华出版社 1996 年出版，共 25.6 万字。中信出版社 2007 年出版另一中译本，书名为《战争与反战争》。该书分为六个部分，共 25 章。第一部分《冲突》介绍了 19 世纪以来全球权力系统重心转移的经过，大国之间、地区之间的矛盾，由经济竞争引发的战争与冲突，第一次浪潮文明和第二次浪潮文明之间的冲突。第二部分《轨迹》，介绍了军事与经济、社会之间的关系，第一次浪潮文明战争和第二次浪潮文明战争的发展过程，以及对组织、后勤、管理等方面的影响，第三次浪潮文明战争创造财富的特征，以及三次文明的关联和区别。第三部分《探索》介绍了"精巧"战、太空战、机器人、非致命武器对未来战争的影响，以及战争形势的变迁等内容。第四部分《知识》讨论了知识战略的重要性，信息技术、军用软件的尖端性、灵活性和安全性，通信网络、宣传和媒体在知识战略中的地位，以及间谍在情报工作中的作用。第五部分《危机》论述了经济与军事、财富与战争的关系，武器民间化的进程，知识密集化对未来战争的影响，等等。第六部分《和平》主要分析了创造未来和平形式的可能性。

二、厄尔曼和韦德的《震慑论》

《震慑论》是美国两部书的合编。一部为《震慑与畏惧——迅速制敌之道》，H. K. 厄尔曼著，1996 年在美国出版。另一部为《迅速制敌——一场真正的军事革命》，J. 韦德著，美国国防大学 1997 年出版。中译本由滕建群、王春生等译，并合编为一部书，新华出版社 2004 年出版，共 21 万字。该书分为上下两部，共 11 章。上部为《震慑与畏惧》，共六章，主要阐述冷战结束后美国为了追求"绝对安全"，达成不使用兵力的情况下影响对方行动的目的，在政治、军事、战略、策略、战役和战术等多个层次上运用的"威慑论"思想。作者列举了九种震慑的例证,证明时间是实施"震慑"的关键,迅速或突然是实施"震慑"的重点。下部为《迅速制敌》,共五章,着重论述"迅速制敌"目标的理念、特点、部队编成、使用的技术,以及这一理念将要面临的政治、预算和社会等方面的反应。该部分认为,"迅速制敌"理论是一种完全不同于现行理念的国防理念,在战略上推行"先发制人"的思想占据着美军作战理论的主导地位。

三、莱昂哈德的《信息时代的战争法则》

《信息时代的战争法则》,美国 R.R. 莱昂哈德著。中译本由王振西等译,新华出版社 2001 年出版,共 24.7 万字。该书分为四篇,共 16 章。第一篇《变化框架》,主要探讨了军事理论中存在的问题。认为美国面临的危机是没有一套适用于未来战争的军事理论。在美国和世界的大部分地区,由于战争艺术受到传统战争原则的约束,因而缺乏活力。作者指出,在信息时代,农业社会和工业社会产生的许多原则已经过时了,美国的一些军事领导和文职领导不应再用其指导未来战争。此外,该部分还回顾了信息在战场上的作用,探讨了信息时代战争的特点和原则。第二篇《战争原则》,分析、评判了美国的"机动""进攻""集中兵力""节约兵力""目标""安全""简单""突然性"和"统一指挥"等战争原则。第三篇《战争法则》,对 21 世纪的军事理论提出了一些看法,论述了人性法则、节约法则和两重法则三项战争法则。第四篇《新战争原则》,着重阐述了信息时代的知与不知原则、扰乱与正面交锋原则、分散与集中原则、机会与反应原则、行动与安全原则、加速选择与目标原则,以及指挥与无序原则七项战争原则的内涵。

四、贝特曼的《数字化战争——来自前线的观点》

《数字化战争——来自前线的观点》,美国 R.L. 贝特曼三世主编。中文译本由刘芳、程新闻译,国际文化出版公司和北方妇女儿童出版社 2001 年联合出版,共 19 万字。该书分为 10 章,通过分析军事技术对军事的影响,探讨了未来战争和军队建设的发展趋势。主要观点有:

一是对于美国陆军关于"21世纪部队"和"后天的陆军"的讨论，作者把重点放在数字化部队在战场上使用的技术和方法上，即放在战术层次上，但忽略了信息爆炸、信息处理对指挥官可能产生的影响。美军应有计划地建立一支模块化部队，以便为未来重大武器系统的开发以及制订编制和装备计划提供实践经验。

二是21世纪战争中的"有限"只是战略层次上的，在战场、战术层次上情况可能非常糟糕。士兵要攻占一片土地，必须亲力亲为。

三是数字化的到来以及所导致的"信息支配一切"的情况是自然而然的，为了实现"同一支部队、同一个战场、同一个未来"的概念，整个陆军都必须实现数字化。

四是数字化部队真正的革命并不在于各个系统性能的革命，而在于计算机和数字通信如何赋予部队能力，以及如何运用它去赢得更高的速度，从而获得最大的回报。

五是美国未来陆上力量战略应以快速打乱敌人的部署为目的，而不是完全消灭敌人。部队应同时具有机动、防护、火力攻击和领导能力，采取精确打击和诸兵种合成的作战方式。

六是如果培养了一代不愿说出自己想法的领导人，将可能失去从信息处理中获得的潜能，最终的结果是即使使用了全新的、昂贵的新式武器装备，但仍沿用旧的作战方式。

七是数字计算机和其他通信技术的应用，使军队和媒体的关系发生了巨大的改变，新闻媒体开始成为军队争取公众支持、国会投资的战场。

八是数字化革命不仅是一次技术革命，而且是一次社会革命，应该成为未来军队发展的重点。

五、奥汉隆的《高科技与新军事革命》

《高科技与新军事革命》，美国 M.奥汉隆著。中译本由王振西等译，新华出版社2001年出版，共17.5万字。该书分为八章，依次为《导言》《何为军事革命》《传感器、计算机和通信器材》《车辆、船舶、飞机和武器》《对军事革命假说的评判》《军事革命假说与美国安全政策》《国防现代化战略》《结论》。作者以自己的见解,探讨了流行的一种假说,即在不远的将来有可能完成一场在军事领域内的革命,并指出美国军队要进行这种革命,必须彻底改变预算项目的优先顺序、作战结构及武器系统。另外,作者还在书中阐述了军事革命争论的起因及各种思想流派,在宏观上对当前军事革命的各种假说持怀疑态度,并从技术战术和战略几个方面对其进行了驳斥。同时也坚持认为战争的基本特性不会改变,高技术在森林战和城市战斗中将难以发挥作用。书中还探讨了计算器和电子技术的进步、传感器能力的提高,及其在发展武器中的应用等问题。该书指出,这些技术上的发展趋势将会积累成军事领域内的一场革命,促进军事革命的发生,但在当前还为时过早,还需要众多的新技术、作战思想和组织体制革新来促成这种革命,五角大楼《2010年联合构想》中提出的目标很可能在2020年之后才能实现。

六、美军联合出版物《美军联合作战中的指挥与控制》

《美军联合作战中的指挥与控制》是对最新的美国有关联合作战指挥与控制的出版物的整合汇编,沈松译,知远战略与防务研究所2016年发行。

随着现代战争的发展,联合作战已经成为世界上主要国家军队的基本作战样式。联合作战理论涵盖的内容非常广泛,包括联合指挥、联合编成、联合训练和联合保障等问题。其中,联合作战指挥无疑是最核心的问题。虽然包括我军在内的世界各国军队对联合作战指挥的定义有所不同,但从指挥实施的角度来考察,其实质内涵是基本一致的,只不过是从不同的角度来阐释指挥概念。我军主要从组织领导活动或指挥实施的角度进行考察和释义,而外军更多的是从权力与职能的角度进行释义。

美军在联合条令中明确指出,指挥包括控制,控制是指挥所固有的内容。指挥突出强调指挥的思考、决策与指导,是一种指挥艺术的体现。控制是为了贯彻指挥官的意图而对部队和职能进行监督、调整,包括了参谋人员在权

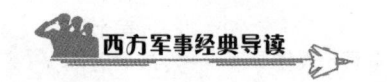

限内的活动,强调程序、方法、技能等科学性,是美军实施指挥的一个重要内容和手段。因此,美军又将控制作为一个重要的方面与指挥相提并论。

以美军为首的西方国家军队在1991年海湾战争、1999年科索沃战争、2001年阿富汗战争、2003年伊拉克战争中,成功指挥实施了联合作战和联军作战,为联合作战指挥理论的发展积累了大量的实际运用经验。特别是近年来,美军先后多次修订了相关的联合条令,不断用实战经验完善理论和条令。

该书在翻译美军最新出版的联合出版物JP3-30《联合空中作战指挥与控制》(2014年2月版)、JP3-31《联合地面作战指挥与控制》(2014年2月版)和JP3-32《联合海上作战指挥与控制》(2013年8月版)的基础上,结合2011年版联合出版物JP3-0《联合作战纲要》的相关内容,在保留原条令主要内容与结构的基础上,对相关的内容和章节进行了整合,形成了该书目前的框架结构。

第四节　冷战后西方军事思想的代表作(中)

上一节介绍了冷战后美国的代表性军事著作,冷战后其他国家的代表性军事著作包括俄罗斯的《超越核战争》《第六代战争》《21世纪战争》《国家安全新论》,英国的《军事力量对比》,法国的《空间战争》,德国的《军事指挥信息系统》,等等。

一、俄罗斯的《超越核战争》

《超越核战争》,俄罗斯V. I. 斯里普琴科著,中译本由陈玺等译,军事谊文出版社2002年出版,共23.8万字,"俄罗斯21世纪前沿军事理论丛书"之一。该书是作者1999年撰写的论述战争发展方向和军事改革政策的报告,分为两部分。第一部分《未来战争》,主要介绍了历代战争的特点、军事上第六次革命的内容和实质、未来战争所使用的武器、与新一代战争相关的军事学术、国家经济潜力的防护措施、新一代战争中的信息资源和信息对抗，以及新一代战争对军事改革的影响等。第二部分《核武器无用武之地》，主要阐述了核武器的特点和作用、有关核遏制的官方观点、北约向东扩张的态势、战争与"核和平"的相互关系、核国家武装力量建设中的失误，以及美苏关于核足够程度的认识等。

作者把人类社会战争史划分为非核时代和核时代两个阶段六代，扼要阐述了历史上六代战争的样式和特点。从处于萌芽中的"第六代战争"——海湾战争和科索沃战争入手，探索了未来战争的性质、特点、样式，揭示了21世纪中期以后可能发生的"第六代战争"的实质。在此基础上，提出了一些制定国家军事改革政策的新观点：

一是自然资源、生态资源、信息技术和能源等将成为预测未来战争的基础。那些研制导弹核武器和化学武器的国家，经济和军事潜力迅猛增长的国家，总想获取有争议领土的国家，保持大量常规军队的国家，都可能是战争危险和威胁的策源地。

二是未来战争的理论应该走在实践的前面，如果说过去和现在面临的危险和威胁来自具体的敌人，那么将来可能会来自有形和无形的各种不同的敌人。新的"第六代战争"正在形成，战争形态急剧变化，核遏制政策成为国家政策的特殊类型，由于其实质和内容、观点发生根本变化，要求必须对核武器制定全新的战略。

三是一些核国家想把核武器作为遏制战争的可行手段，事实证明，核武器无法遏制任何人，只是遏制了自己。美国在朝鲜战争期间，曾公开威胁要使用核武器，但直到战败，最终未敢使用。

四是事实证明，核战争所引起的灾难性后果是毁灭性的，因此是根本不可能发生的。在2020年到2030年，从战略上遏制对一个主权国家发动的任何战争时，使用的只是常规毁伤武器，而不是核力量。苏联以及后来的俄罗斯的核武器，对国际、国内局势的稳定未能产生任何影响，也未能阻止北约东扩。

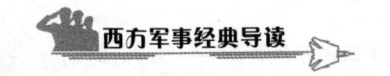

二、俄罗斯的《21世纪战争》

《21世纪战争》，俄罗斯 V. S. 特列季亚科夫著。中译本由陈玺等译，军事谊文出版社 2002 年出版，共 19.2 万字，"俄罗斯 21 世纪前沿军事理论丛书"之一。该书分为七章，第一、二章主要分析世纪之交的国际形势发展趋势和俄罗斯潜在的军事威胁，探讨了未来战争的内容、本质、类型及其特性。第三章讨论了未来战争中传统武器、非传统武器发展的方向，以及新武器对 21 世纪战争形态和武装力量建设的影响。第四至第六章介绍了对国家具有重大威胁的武装冲突、局部战争、地区战争及各种规模传统军事冲突的内容和性质。第七章提出并研究了非传统战争的作战样式。主要观点包括：

一是由于科学技术的迅猛发展和取得的巨大成就，21 世纪的武器装备也必将有新的突破。

二是常规传统战争和使用大规模毁伤武器的战争带来的灾难性后果，促使人们寻找新的战争手段。随着科学技术的发展，借助非传统战争手段达成政治目的，正在成为可能。以"冷战""心理战"和"信息战"等为基本样式的非传统战争，在 21 世纪将得到广泛应用。

三是在未来各种类型的战争中，军事行动的样式和方式方法将主要取决于交战双方在每场具体战争中所要达到的不同的政治、战略目的和所投入的兵力、兵器情况。在战争中，空中—太空武器、高精度毁伤武器、新物理原理武器、秘密武器和信息战武器等会得到广泛应用。

四是尽管爆发世界大战的可能性很小，但将世界大战从未来战争的类型中除名还为时过早。多极世界正在形成，多个力量中心正在出现，各力量中心间错综复杂的利害冲突以及以武力解决冲突的企图依然明显存在。因此，有必要研究世界大战问题。

三、英国的《军事力量对比》

《军事力量对比》，伦敦国际战略研究所著，中译本由刘群等译，国防大学出版社 2002 年出版。全书分为四部分。

第一部分《各国（地区）情况》，介绍内容主要有：美国的军事形势和国防费投入情况；美国军事力量建设与部署情况；北大西洋条约组织和非北约欧洲国家的军事形势和国防支出趋势；18 个北约欧洲国家和 21 个非北约欧洲国家的军事力量有关数据。俄罗斯的军事改革情况及其与中亚邻国、西方国家的军事关系；1998—2002 年俄罗斯国防费增长情况。中东、北非地区军事形势发展趋势和国防开支状况。中亚、南亚地区的局势、军事冲突情况和各国家的国防支出状况。东亚和大洋洲十六国的军事形势发展、国防支出及其军事力量数据。撒哈拉以南的非洲地区的军事形势发展和军费支出情况。

第二部分《专题分析》，分析欧盟在 2003 年前组建欧洲快速反应部队的可能性，以及欧洲快速反应部队建设需完成的工作。介绍军事空运的优越性、重要性和局限性；美国等国家的军事海运情况和政策；国际军火贸易趋势和各国在全球武器交易中所占的份额。

第三部分《综合数据部分》，以表格形式介绍了全球武器市场交易额和市场份额。还有中东、北非武器交付情况；东亚武器交付情况；《欧洲常规武器条约》对各国兵力、武器的限额。

第四部分《附录》，用八张表格列出了与世界主要常规武器出口、进口和世界军费开支有关的数据。

四、英国的《两栖作战的战略和战术》

《两栖作战的战略和战术》，英国 I.史贝勒、C.塔克著。英国斯贝尔茅恩特出版有限公司 2001 年出版。中译本由刘克俭等译，军事科学出版社 2004 年出版，共 27.2 万字。该书分为九章，依次为《计划准备》《航渡》《先期作战》《夺占滩头》《巩固扩大登陆场》《后勤保障》《两栖撤退》《两栖装备》《未来两栖作战》。作者按照作战程序加战例的形式，论述了 20 世纪发生的著名两栖作战情况，包括第一次世界大战中的加利波里登陆作战、第二次世界大战中的诺曼底登陆作战，以及第二次世界大战后的朝鲜、越南、马尔维纳斯

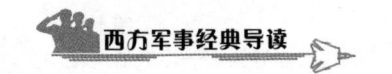

群岛、格林纳达和海湾等地区的登陆作战。书中不仅剖析了两栖作战的战略战术，而且介绍了过去、现在和将来的两栖作战的不利方面，指出了两栖作战所面临的机遇。作者认为，在海空力量支援下的一支高度合同的两栖部队，是适应21世纪远征作战的理想的现代化军事力量。两栖部队可以实现全球到达，为达成政治目的提供了一种有效的军事手段。在战争即将爆发时，两栖特遣部队可以担负灾难救援、人道主义援助和非战斗人员撤退等任务。在冲突时，可以执行两栖攻击、袭击、佯动和撤退等作战任务。由于两栖作战具有独特的政治和军事优势，在可预知的将来，两栖部队的地位和作用仍然重要。

五、德国的《军事指挥信息系统》

《军事指挥信息系统》，德国哈拉尔德·武斯特·路易·费迪南德·欣堡编，中译本由军事科学院外国军事研究部译，军事科学出版社1989年出版，共27万字。该书分为《军事指挥系统》《指挥信息系统的设计和结构》《数据处理技术》三篇，共19章。第一篇阐述军事指挥的目的以及由此目的而产生的指挥问题，解决指挥问题的几种方法以及这些方法对陆军、空军、海军、防空作战指挥、后勤等子系统提出的军事技术要求。第二篇集中讨论与建立军事指挥系统中的信息系统有关的技术问题，以及电子数据处理技术在哪些范围内可以用作指挥过程中的辅助手段。同时，还介绍了联邦德国军队装备的指挥信息系统；建立指挥信息系统的必要工作步骤；指挥信息系统的基本单元——数据库、系统软件和人机对话。第三篇阐述电子数据处理技术，以及计算机及其外围设备的工作能力。

六、法国的《互联网上的间谍战》

法国J.吉内尔著。中译本由徐剑梅译，新华出版社2000年出版，共14万字。该书分为两篇，共十章。第一篇从第一至第五章主要阐述：互联网的由来；信息战的发展趋势；网络在谍报中的作用；个人信息战和工业谍报战的功能；恐怖主义、民间电子防卫的内涵；信息战争、网络恐怖主义和计算机谍报战的演变过程；黑客在互联网中的排他性；知识产权在网络中的地位；网上通信加密程序的解决方案；等。第二篇从第六至第十章阐述了计算机在日常生活中发挥的作用；信息安全的重要性；网络的隐私和安全问题；网络信息对军队的作用；互联网与经济谍报的联系；互联网的现状和发展前景；互联网在世界其他国家的发展前景；互联网在未来世界可能的运用。

七、加拿大的《变化中的战争》

《变化中的战争》A.D.英格利施等著，是加拿大军事学院从事战争问题研究的职业军人们的论文集，1998年出版。中译本由王彦军等译，吉林人民出版社2001年出版，共计26万字。该书分为三部分，依次为《军事战略与军事学说的演变》《非常规战争》《21世纪的冲突》，分别包括如下内容：

第一部分重点研究从拿破仑战争时至21世纪军事战略方针的演变情况，主要论文有《克劳塞维茨及其对美国和加拿大军事学说的影响》《运动战的神话——军事历史上的消耗》《转变中的战略和技术——莫尔特克和普鲁士总参谋部》《战役指挥研究——朱利安·宾与加拿大军团》《军事力量发展的事例——图哈切夫斯基与苏联纵队战斗艺术》《军队的更新问题——西克特和德国军队》。

第二部分主要研究非常规战争、低强度战争的战略特点，以及对亚洲革命战争发生的影响，主要论文有《毛泽东——一个向历史学习的战略学家》《革命战争——越盟与第一次印度支那战争》《武元甲——革命战争的持久战略》《近代海军与反叛乱作战》《消除阴影——在维和行动中应用反暴乱作战理论》。

第三部分论述计算机对战争的影响，以及大众传媒对战略、空间政策、后冷战时期的军备控制和政治体制的影响，主要论文有《计算机和战略——重要的是思想》《隐形技术——是空战的革命吗？》《常规军备控制和情报——共生关系》《战争的统计研究——民主与战争的关系》《媒体与战争行为》《超越限制——空间控制战略》。

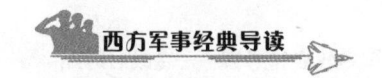

第五节　冷战后西方军事思想的代表著作（下）

上两节介绍了冷战结束后美国和其他国家的代表性军事著作。本节聚焦当下，介绍近十年来有重要影响的西方代表性军事著作，主要包括亨廷顿的《文明的冲突与世界秩序的重建》、弗兰克·霍夫曼的《21世纪冲突：混合战争的兴起》、欧文斯的《揭开战争迷雾》、马克斯·布特的《战争改变历史：1500年以来的军事技术、战争及历史进程》、阿尔奎拉的《顽敌：阻力重重的美军转型》。

一、亨廷顿的《文明的冲突与世界秩序的重建》

《文明的冲突与世界秩序的重建》，美国政治学家萨缪尔·亨廷顿著。中译本由周琪等译，新华出版社2010年出版，共35万字。该书分为五部分，第一部分介绍世界文明多样性的基本特点，得出"文明的冲突取代超级大国竞争"的结论；第二部分描述了世界主要文明的发展变化和力量对比，阐述了西方文明的衰落和非西方文明的崛起；第三部分揭示了文明对于新的世界秩序形成和发展的影响，指出文明的种类是一个国家在世界秩序中定位的基本依据，文化共性促进合作，文化差异加剧冲突。冷战后伴随着政治、军事、经济、文化的冲突，逐渐形成新的文明格局；第四部分介绍当今世界发生的政治变动、军事活动和一些国家领导人更迭的根源在于文明的作用；第五部分根据作者自身见解模拟未来发生的事件，提出对未来的看法。

该书核心观点是：冷战后，世界格局的决定因素表现为七大或八大文明，即中华文明、日本文明、印度文明、伊斯兰文明、西方文明、东正教文明、拉美文明，以及可能存在的非洲文明。冷战后，冲突的根源不再是意识形态，而是文化的差异，主宰全球的将是"文明的冲突"。该书所持观点公允与否，在学术界争议很大。但其所提供的从文明这一崭新视角审视国际政治和国际关系的做法给读者带来新的体验。1996年至今发生的系列重大地缘政治事件，基本验证了书中的理论和预测。阅读本书，可以从"文明"这一独特的视角分析冷战至今的发生系列重大事件，如科索沃战争、"9·11"事件、"阿拉伯之春"运动、乌克兰分裂、欧洲的移民危机以及大国关系的演变等。

二、霍夫曼的《21世纪冲突：混合战争的兴起》

《21世纪冲突：混合战争的兴起》，美国军事理论家弗兰克·霍夫曼著。英文版于2007年12月出版。书中首次提出并系统阐述了"混合战争"理论，认为未来战争将是一种混合型战争。该理论主要包括如下内容：一是安全威胁多种交织。国家面临传统性、非常规性、灾难性和破坏性等多种威胁。二是战争形态多变复杂。正规和非正规作战界限趋于模糊、作战样式趋于混合，表现为常规作战、非常规作战、恐怖袭击和犯罪骚扰等战争样式的混合；作战、维稳、安全、重建等军事行动的混合；政治、军事、经济、社会和信息等战争领域的混合；击败敌军和争取民众等作战目标的混合。三是作战运用多元混合。表现为作战对手上，战争或冲突的制造主体不仅有国家行为体，还有宗教集团、恐怖组织等非国家行为体；作战手段上，战争行动中可能采取政治、军事、经济、社会、文化、信息等多种手段，与外国政府、安全部队和民众联合行动，谋取局部优势。袭扰行动中除利用现代化的武器装备，广泛采用伏击、爆炸、胁迫及暗杀等手段外，还可能使用高科技手段和恐怖手段，寻求最佳行动效果；作战样式上，包括传统战争、非正规战争、反恐怖袭击、反武装暴乱、民事支援、人道主义援助等多种样式，非正规作战将成为主要形式；作战空间上，将可能是传统战场、冲突地区民众战场、国际国内舆论战场的混合体，是在物理空间、民意空间和虚拟空间同时进行的战争，未来谁能够在"心理和思维"上战胜对手，谁就可能主导战争结局。四是部队建设多能一体。建立多任务型部队，既能进行大规模作战，又能对付非对称威胁；既能与传统军事强国对抗，又能打击恐怖主义；既能完成作战任务，又能执行维和、维稳、重建、国际援助等非军事行动。

混合战争已成为21世纪以来重要的战争理论，得到各国军队的普遍关注，美军官方将相关概念写入2009年版《联合作战顶层概念》、2010年版《四年防务评估报告》、2015年版《美国防务战略》等重要文件。该理论之后运用于伊拉克战争、阿富汗战争、黎巴嫩战争、车臣战争等，对指导战争的获胜起到关键作用。

三、欧文斯等的《揭开战争的迷雾》

《揭开战争迷雾》，美国比尔·欧文斯、爱德华·奥佛利、詹姆斯·R.布莱克合著，中文译本由王霄（美国）、杜强译，解放军出版社2009年出版。比尔·欧文斯，美军退役四星上将，1962年毕业于美国海军学院，曾任美军海军核动力潜艇艇长。1990年至1991年，作为美国海军第6舰队司令参与指挥海湾战争，1991年至1993年，出任海军作战部副部长。1994年，任美军参谋长联席会议副主席至1996年退役。在任期间，他主持了后冷战时期美军的军事改革工程，退役后先后出任20余家公司的董事会成员，投身商界并获巨大成功。欧文斯著述颇丰，先后发表有关国家安全、金融财经和中美关系文章逾百篇。

爱德华·奥佛利，美国著名军事媒体人，先后为《防务观察》《星条旗报》《西雅图邮报》等从事军事报道逾二十载，著有《天蝎号沉没》（2007）、《笔与剑》（2001）等著作。

詹姆斯·R.布莱克，曾担任美军参联会主席、副主席、助理国防部长帮办及空军副部长助理等美军官员的高级顾问，著有《美国海外基地》等著作。

《揭开战争迷雾》全书共七章，分别是《疲于奔命的超级大国》《革命的种子》《技术基础》《展开革命》《科索沃教训》《赢得革命》《未来之路》。该书分析了美国在伊拉克、索马里和科索沃的军事行动中陷入僵局所映射出的美军现状——面对各种冲突，其装备已不能适应新的战争需要，战争的发展需要军事领域的革命，而在新世纪初期，信息技术的发展必然带来军事领域的革命，彻底改变人们的军事观念、作战方式和军队编制体制。为此，作者建议美国国防部应利用计算机、通信和卫星技术的最新进展，把美国军队带入信息时代。

该书给我们的启示是面对军事改革中的深层次矛盾和问题，我们必须借鉴外军经验，避免走弯路。一是要解放思想，保持超前的思维，勇于改变机械化战争的思维定式，树立信息化战争的思想观念；二是要改变单一军种作战的思维定势，树立诸军兵种一体化联合作战的思想观念；三是要改变单一作战平台的思维定势，树立系统集成的思想观念。

四、马克斯·布特的《战争改变历史：1500 年以来的军事技术、战争及历史进程》

《战争改变历史：1500 年以来的军事技术、战争及历史进程》，美国战略学者马克斯·布特著，石祥译，上海科学技术文献出版社 2011 年出版。马克斯·布特是美国对外关系委员会的高级成员，从事国家安全问题研究，并就军事转型问题为美国国防部提供咨询。作者与美国军方来往密切，曾在西点军校、海军战争学院、陆军战争学院等美国军事院校举行学术演讲。布特多年来从事军事变革的研究，出版了多部著作，本书意在"用历史眼光审视"关于军事变革的争论。

该书分为《黑火药革命》《第一次工业革命》《第二次工业革命》《信息革命》《过去、现在与未来的革命》五个部分。作者通过分析世界上 500 多年来的历次战争，侧重阐述了科学技术尤其是信息技术在战争中的作用。指出军事变革十分艰巨和复杂，技术本身只是使军事革命成为可能，若要完成军事变革，必须更新观念以及合理地使用技术。历史上未能有效利用军事技术实现变革的例子不在少数：蒙古人错过了黑火药革命，中国人、土耳其人和印度人错过了工业革命，法国人和英国人错过了第二次工业革命的主要部分，以及苏联人错过了信息革命等。其根本原因是未锐意革新，如奥斯曼帝国虽然实现了黑火药革命，但是未能全面展开军事革命，致使其到了 19 世纪由曾经辉煌的帝国蜕变为"欧洲病夫"。英国皇家海军从风帆时代到钢铁时代一直是世界第一，但英国未能在关键的从战列舰到航母的转变中保持领先，不列颠帝国由此而衰落。

国家不必做到在重要科技领域都取得突破性成果，要取得军事优势，不是要首先发明新武器，而是要比别人会用这些新武器。美国在伊拉克战争上就遇到了此种尴尬，有着最先进的武器，却出现兵员严重不足、疲于奔命的问题，难以有效应对拥有高科技武器却藏身于平民之中的恐怖分子。除此之外，作者还例举其他战例说明人们有些认识存在误区：经济基础决定战争胜负、民主体制取得战争胜利、先进武器能够取胜等。

纵览人类发展的浩荡世界史，不同民族和国家的相互竞争，在现代化进程的大舞台上，演绎了全球格局演化的惊心动魄，也彰显了技术与军事变革的独特价值。无论是早年瑞士雇佣兵因引入长矛而获得的变革国际体系权力；抑或后来德国迅速将铁路用于战争动员而对世界和平大局的冲击；直至核武器的诞生，直接导致了东西方长达半个世纪的冷战阴影，两大力量体系军备竞赛的最终结果，由此形塑的全球格局延宕至今。总之，本书对我们了解美国学术界有关"技术对战争影响"这一主题的最新观点以及伊拉克、阿富汗战争的情况颇有裨益。

五、阿尔奎拉的《顽敌：阻力重重的美军转型》

《顽敌：阻力重重的美军转型》，约翰·阿尔奎拉著，董浩云译，解放军出版社2013年出版。约翰·阿尔奎拉系美国海军研究生院教授，著名军事战略问题专家，曾长期担任美国国防部顾问，并参与重大国防问题的研究论证。该书分为九章：《稳定、变革与战争艺术》《美国陆军的过去与未来》《海上作战和海上对陆作战》《信息时代的空中力量》《关于非致命武器的思考》《影响力作战的兴起》《新研究课题："网络化战争常识"》《社会变革与武装力量》《美军是否欢迎变革？》等。

《顽敌：阻力重重的美军转型》深刻反思了深陷"反恐战争"泥沼的美军在改革与建设方面存在的弊端，提出了相应的对策建议。作者指出，尽管美国国防开支近年来不断攀升，但美军依然存在基本职能任务定位不准确、应对非传统威胁能力不足、部队编制装备及作战理论与现实作战需要脱节等诸多问题。针对上述问题，作者提出美军必须进行大刀阔斧的改革转型，调整军队职能和国防政策，改革部队编制、装备和作战理论，发展小型、灵活的军事力量，全面提高打赢未来战争的能力。而当前美国政府及军方高层部分官员思想僵化，墨守成规，抵制变革，成为影响美军顺利转型的主要障碍。美军若成功实现军事转型，必须首先战胜内部抵制改革的传统保守势力这一"顽敌"。

该书对于了解美国军事转型时期存在的问题及他们寻求的解决方案具有参考价值，为我军建设信息化军队和打赢未来信息化局部战争提供了启示和借鉴。

第六节 冷战后西方军事著作的发展趋势

现代科学技术的发展及其在军事领域的广泛应用，促使世界新军事革命向更深层次发展，战争与国防建设呈现出许多新的特点。西方军事著作的著作内容、著作重点和著作手段也将呈现出某些新的发展趋势。

一、著作内容将更加广泛和全面

科学技术和军事实践的发展，进一步拓展了军事的内涵。战争空间已从陆地、海洋、空中拓展到太空和网络电磁空间。交战双方不仅强调综合应用各种科学技术的成就，而且强调综合运用政治、经济、军事、外交、文化等各种手段来达成战争目的。这些深刻变化决定了军事活动与政治、经济、外交、文化、科技、自然、地理等其他方面的联系越来越密切。军事上的重大理论和实践问题的解决，已不能单靠某一学科和某一方向的研究成果，必须依据和参考多学科、多领域的知识。因此，军事理论工作者的研究视野将会越来越宽广，其著作内容也将更加深刻和全面。

二、著作重点将更加突出和集中

在世界新军事革命不断深入推进的形势下，以信息技术为核心的高新技

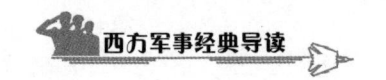

术迅猛发展，并广泛应用于军事的各个领域，对武器装备、体制编制、战争形态和军事理论产生越来越大的影响。为满足打赢信息化战争的需要，世界各国军事理论界将更加注重研究信息化战争特点与规律，以及这些特点与规律对战争指导提出的新要求。因此，军事理论工作者的著述重点必将进一步聚焦军事信息化建设，尤其是武器装备信息化建设以及信息化作战理论等方面，与此相关的军事著作将会大量涌现。

三、军事手段将更加科学和先进

随着网络技术和数字出版技术的飞速发展，军事著作的编撰模式、载体形式及传播方式已发生前所未有的变化。未来军事理论工作者除了继续使用传统著述手段，将会进一步突破地域、时段的限制，更加充分利用网络传播快捷、覆盖宽泛的优势，使用构筑于互联网上的各种信息资源库，运用各类检索工具，广泛搜寻最新资料，密切关注学术前沿研究动态，以敏锐眼光捕捉信息，以专业思维解读信息，以独到手法整合信息，同时加强与各类专业机构的合作，及时吸纳和传播各种新的军事知识内容，更好地发挥军事著作的功能与作用。军事著作手段体现出的信息网络强大推动作用将更加明显，数字化和网络化趋势将会进一步突出。

参考资料

著作类

[1] 军队学位委员会办公室.军事学一级学科简介和博士、硕士学位基本要求[M].北京：军事科学出版社，2014.

[2] 中国军事百科全书编辑委员会.中国军事百科全书：第二版：军事工作、军事后勤、军事思想、军事著作、战略、作战卷[M].北京：中国大百科全书出版社，2015.

[3] 贾凤山.中外著名兵书入门[M].沈阳：辽宁人民出版社，1988.

[4] 刘庆.外国重要军事著作导读[M].北京：军事科学出版社，1992.

[5] 张可.西方军事思想史概论[M].成都：四川人民出版社，1993.

[6] 中华人民共和国中央军事委员会.联合战役纲要[M].北京：军事科学出版社，1999.

[7] 关光生，张凤伦.世界军事宝典：军事理论卷：上[M].北京：新华出版社，2001.

[8] 钱海皓.军队组织编制学教程[M].北京：军事科学出版社，2001.

[9] 王厚卿.战役发展史[M].北京：国防大学出版社，2001.

[10] 刘志勤，王兴录.战时装备保障概论[M].北京：军事科学出版社，2002.

[11] 黄世海.部队装备管理学[M].北京：军事科学出版社，2001.

[12] 焦秋光.军事装备管理学[M].北京：军事科学出版社，2003.

[13] 吴铨叙.军事训练学[M].北京：军事科学出版社，2003.

[14] 库桂生，黄成林.军事后勤新变革[M].北京：解放军出版社，

2004.

[15] 李德义，李大伦.20世纪以来中外军事著作要览［M］.北京：军事科学出版社，2005.

[16] 张玉良.战役学［M］.北京：国防大学出版社，2006.

[17] 军事科学院.司令部条例［M］.北京：军事科学出版社，2006.

[18] 胡中豫，王雷平.军事文化名著导读［M］.北京：军事谊文出版社，2006.

[19] 任海泉.军队指挥学［M］.北京：国防大学出版社，2007.

[20] 杨毅.国家安全战略研究［M］.北京：国防大学出版社，2007.

[21] 范振江，马保安.军事战略论［M］.北京：国防大学出版社，2007.

[22] 余高达，赵潞生.军事装备学［M］.北京：国防大学出版社，2007.

[23] 唐复全，卜延军.外国军事思想史论［M］.北京：国防大学出版社，2008.

[24] 刘继贤.军事管理学［M］.北京：军事科学出版社，2009.

[25] 中国人民解放军空军司令部.军事理论普及读本［M］.2009.

[26] 刘会民，王树林.军事训练变革论［M］.北京：军事科学出版社，2009.

[27] 宋学先，陈卫平.军事后勤学教程：修订本［M］.北京：解放军出版社，2010.

[28] 於志明.军队后勤指挥学教程［M］.北京：解放军出版社，2010.

[29] 王东明.军队后勤建设学［M］.北京：解放军出版社，2011.

[30] 唐复全，谢适汀.兵书精要：军事实践的理性升华［M］.北京：蓝天出版社，2011.

[31] 李方江.军事名著知道点儿［M］.合肥：安徽师范大学出版社，2011.

[32] 许江瑞，方宁.军事法制教程［M］.北京：军事科学出版社，2012.

[34] 朱成虎.军事学名著导读［M］.北京：学习出版社，2012.

［35］薛国安.军事思想概论［M］.北京：国防大学出版社，2012.

［36］欧阳维.国防动员学概论［M］.北京：国防大学训练部，2012.

［37］军事科学院军事战略研究部.战略学［M］.北京：军事科学出版社，2013.

［38］总参谋部军训部.训练基础理论［M］.北京：国防工业出版社，2013.

［39］李银年.合同战术学基础［M］.北京：总参谋部军训部，2013.

［40］邵杰.战术学教程［M］.北京：军事科学出版社，2013.

［41］胡海军.外（台）军作战研究［M］.南京：南京陆军指挥学院，2013.

［42］陈相灵，夏一东.中外军事思想［M］.北京：解放军出版社，2014.

［43］《世界军事百科系列》编委会.世界军事名著速读［M］.郑州：中原农民出版社，2014.

［44］夏征难.外国军事名著精要［M］.北京：解放军出版社，2015.

［45］彭光谦，等.军事学是什么［M］.北京：北京大学出版社，2018.

［46］恺撒.高卢战记［M］.王晋，译.北京：中信出版集团，2019.

［47］恺撒.内战记［M］.李艳，译.北京：中信出版集团，2019.

［48］弗龙蒂努斯.谋略［M］.袁坚，译.北京：解放军出版社，2014.

［49］雷纳图斯.兵法简述［M］.袁坚，译.北京：解放军出版社，2015.

［50］莫里斯一世.战略［M］.王子午，译.北京：台海出版社，2019.

［51］苏沃洛夫.制胜的科学［M］.李让，译.北京：解放军出版社，1986.

［52］索普.理论后勤学［M］.张焱，译.北京：解放军出版社，2005.

［53］克劳塞维茨.战争论全集［M］.陈川，译.北京：商务印书馆，2019.

［54］若米尼.战争艺术概论［M］.唐恭权，译.武汉：华中科技大学出版社，2016.

［55］马汉.海权对历史的影响（1660—1783年）［M］.李少彦，董绍峰，徐朵，等，译.北京：海洋出版社，2013.

［56］福煦.作战原则［M］.军事科学院外国军事研究部，译.北京：军事科学出版社，1991.

［57］富勒.装甲战［M］.周德，译.北京：解放军出版社，2015.

［58］鲁登道夫.总体战［M］.魏止戈，译.武汉：华中科技大学出版社，2016.

［59］杜黑.空权论［M］.宋毅，译.武汉：华中科技大学出版社，2016.

［60］哈特.战略论［M］.钮先钟，译.上海：上海人民出版社，2019.

［61］布罗迪.绝对武器［M］.于永安，译.北京：解放军出版社，2005.

［62］泰勒.音调不定的号角［M］.北京编译社，译.北京：世界知识出版社，1963.

［63］柯林斯.大战略［M］.中国人民解放军军事科学院，译.中国人民解放军战士出版社，1978.

［64］格雷厄姆.高边疆：新的国家战略［M］.张建志，等，译.北京：军事科学出版社，1988.

期刊类

［1］付征南，译.美国海洋战略思想发展最新动态：重新审视马汉海权思想［J］.当代海军，2012（2）：56–61.

［2］夏征难.《影响历史的10大军事名著》一书评介［J］.外国军事学术，1997（1）.

［3］丁剑刚，王生钰.试论经典阅读的目的与方法［J］.山西大学学报（哲学社会科学版）2003（5）：115–118.

［4］彭艳，屈南，李建秀.试论大学图书馆的经典阅读推广：以首都师范大学图书馆为例［J］.大学图书馆学报，2012（2）：91–94.

［5］郝晓鹏，魏鹏程，孙冬.享誉世界的十大军事名著［J］.军事文摘，

2006（12）：76–77.

［6］栾雪梅.经典阅读推广的误区及对策研究［J］.图书情报工作，2015（1）：51–55.

［7］赵俊英.经典阅读之惑［J］.长治学院学报，2018（3）：66–69.

［8］雷斌，唐祺，伍美灵.倡导阅读经典提高士官学员的综合素质［J］.中国士官，2011（3）.

［9］王余光.阅读，与经典同行［N］.光明日报，2009–4–30.

附录

附件一 《中外著名兵书入门》所列外国部分书目

《中外著名兵书入门》,贾凤山编著,辽宁人民出版社,1988年出版

《高卢战记》

《制胜的科学》

《战争论》

《战争艺术》

《海上力量对历史的影响》《海上力量对法国革命与法兰西帝国的影响》《海上力量与1812年战争的关系》

《海军战略论》

《制空权》

《战略论》

《总体战》

《第二次世界大战(战略战术评论)》

《坦克战》

《坦克,前进!》

《论资产阶级军事科学》

《国防后勤学》

《不定的号角》

《论苏联军事科学》

《战争指导》

《军事战略》(苏)

《游击战争》

《结局》

《诸兵种合成集团军进攻》

《作为军事指挥官的拿破仑》

《战争年代的总参谋部》

《回忆与思考》

《空降突击》

《作战理论入门》

《进攻》

《现代战略论》

《时代与坦克》

《美国军事战略与政策史》

《大战略》

《苏维埃国家的武装力量》

《战争初期》

《闪击英雄》

《库图佐夫》

《集团军战役》

《伟大卫国战争中的苏联武装力量后方勤务》

《坦克突击》

《第三次世界大战》

《苏联核战争战略》

《突破》

《19颗星》

《巴顿将军》

《战争史和军事学术史》

《苏联军事思想》

《马克思、恩格斯军事文集》

《局部战争今昔》

《现代战争指南》

《武器和战争的演变》

《战术机动》

《军事战略》（美）

《美国军事战略》

《战术》

《伏龙芝的军事思想与苏联现代军事理论》

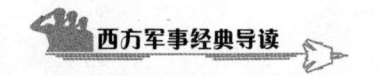

附件二 《外国重要军事著作导读》所列书目

《外国重要军事著作导读》，刘庆主编，军事科学出版社，1992年出版

[古希腊]希罗多德:《历史》

[印度]考底利耶:《政事论》

[古希腊]修昔底德:《伯罗奔尼撒战争史》

[古希腊]色诺芬:《长征记》

[古罗马]恺撒:《高卢战记》

[古罗马]恺撒:《内战记》

[古罗马]弗龙蒂努斯:《谋略》

[古罗马]阿里安:《亚历山大远征记》

[古罗马]韦格蒂乌斯:《论军事》

[拜占庭]佚名:《战略法》

[日本]佚名:《斗战经》

[波斯]志费尼:《世界征服者史》

[佛罗伦萨]马基雅维里:《论军事艺术》

[日本]小幡景宪等:《甲阳军鉴》

[法国]莫里斯（萨克森伯爵):《幻影》

[普鲁士]弗里德里希二世:《战争原理》

[日本]林子平:《海国兵谈》

[俄国]苏沃洛夫:《制胜的科学》

[法国]拿破仑:《拿破仑文选》

[普鲁士]克劳塞维茨:《战争论》

[瑞士]若米尼:《战争艺术概论》

[美国]马汉:《海权对历史的影响，1660—1783》

[德国]德尔布吕克:《政治史领域的战争艺术史》

[法国]迪·比克:《会战研究》

［法国］福煦:《作战原则》

［英国］麦金德:《历史的地理枢纽》

［日本］秋山真之等:《海战要务令》

［美国］马汉:《海军战略》

［英国］科贝特:《海上战略的若干原则》

［德国］施利芬:《坎尼战》

［英国］索普:《理论后勤学——战争准备的科学》

［英国］麦金德:《民主的理想与实际》

［意大利］杜黑:《制空权》

［美国］米切尔:《空中国防论》

［苏联］沙波什尼科夫:《军队大脑》

［日本］总参谋部等:《统帅纲领·统帅参考》

［英国］富勒:《装甲战》

［法国］戴高乐:《剑刃》

［德国］泽克特:《德国国防军》

［德国］鲁登道夫:《总体战》

［德国］罗登:《空战论》

［德国］埃尔富特:《战争中之奇袭》

［美国］厄尔等:《现代战略的制定者》

［美国］塞维尔斯基:《空权制胜》

［英国］富勒:《机械战》

［日本］石原莞尔:《世界最终战争论》

［美国］赖特:《战争研究》

［美国］布罗迪:《海军战略指南》

［美国］布罗迪等:《绝对武器》

［英国］利德尔·哈特:《战争样式的革命》

［英国］利德尔·哈特:《西方的防务》

［美国］塞维尔斯基:《空权：生存的关键》

［美国］加特霍夫:《苏联军事学说》

［英国］斯莱塞:《西方战略》

［英国］利德尔·哈特:《战略论》

［英国］富勒:《西洋世界军事史》

［德国］古德里安:《坦克——前进！》

［美国］克诺尔:《国家的战争潜力》

［美国］亨廷顿:《士兵与国家》

［苏联］拉哥夫斯基:《战略与经济》

［苏联］米尔施泰因等:《论资产阶级军事科学》

［美国］奥斯古德:《有限战争》

［美国］基辛格:《核武器与对外政策》

［美国］克奇克梅提:《战略投降》

［英国］罗素:《常识与核战争》

［美国］摩根斯坦:《国防问题》

［美国］艾克尔斯:《国防后勤学》

［美国］泰勒:《不定的号角》

［美国］布罗迪:《导弹时代的战略》

［美国］康恩:《论热核战争》

［英国］麦克劳里:《国防论——政策与战略》

［苏联］索科洛夫斯基主编:《军事战略》

［美国］特勒:《广岛的遗产》

［英国］利德尔·哈特:《威慑或防御》

［阿根廷］格瓦拉:《游击战》

［美国］希奇等:《核时代的国防经济学》

［美国］谢林:《冲突的战略》

［日本］桧山雅春:《日本的电子防卫战略》

［越南］武元甲：《人民的战争　人民的军队》

［英国］富勒：《战争指导》

［美国］基辛格：《选择的必要》

［美国］康恩：《设想一下不可设想的事》

［英国］斯特雷奇：《论防止战争》

［美国］克诺尔等主编：《有限战略战争》

［法国］博福尔：《战略入门》

［美国］艾克尔斯：《军事概念与哲学》

［美国］科茨等：《军事社会学——美国军事制度与军事生活之研究》

［美国］康恩：《论逐步升级：比喻和假设情景》

［美国］谢林：《军备及其影响》

［美国］怀利：《军事战略》

［苏联］日林：《1812年的卫国战争》

［苏联］朱可夫：《回忆与思考》

［美国］布雷特诺：《决定性战争——军事理论研究》

［德国］施密特：《均势战略》

［日本］山田积昭等：《作战理论入门》

［美国］鲍德温：《明天的战略》

［日本］原田稔久：《未来国防论》

［苏联］格鲁季宁：《苏联对军事哲学的研究——辩证法与现代军事》

［日本］服部实：《现代局部战争论》

［苏联］罗特米斯特罗夫：《时代与坦克》

［德国］邓尼茨：《第二次世界大战中的德国海军战略》

［法国］博福尔：《明天的战略》

［日本］小山内宏：《现代战略论》

［美国］柯林斯：《大战略》

［苏联］戈尔什科夫：《战争年代与和平时期的海军》

［苏联］斯皮琴科主编:《政治与军事地理学》

［苏联］格列奇科:《苏维埃国家的武装力量》

［苏联］伊万诺夫:《战争初期》

［苏联］戈尔什科夫:《国家的海上威力》

［美国］唐尼:《军队管理——军事职业剖析》

［苏联］伏龙芝:《伏龙芝选集》

［英国］哈克特主编:《第三次世界大战》

［日本］藤井治夫:《自卫队战争计划》

［日本］战略问题研究所:《都市游击战的研究》

［日本］乡田充:《空中力量发展史及其战略战术的演变》

［苏联］军事历史研究所编:《苏联武装力量》

［日本］浅野祐吾:《军事思想史入门》

［美国］道格拉斯等:《苏联核战争战略》

［日本］服部实:《防卫学概论》

［苏联］科罗特科夫:《苏联军事思想史》

［苏联］苏联国防部:《苏联军事百科全书》

［日本］菊池宏:《战略基础理论》

［日本］石井洋:《日本国防的经济学》

［苏联］沙夫罗夫主编:《局部战争今昔》

［中国］军事科学院编:《马克思恩格斯军事文集》

［中国］军事科学院等编:《列宁军事文集》

［中国］军事科学院编:《斯大林军事文集》

［美国］布克等:《军事领导》

［美国］弗里德曼:《核战略的演变》

［美国］利贝尔特主编:《苏联军事思想》

［美国］格雷厄姆:《高边疆——新的国家战略》

［美国］基里扬主编:《军事技术进步与苏联武装力量》

［苏联］美国加拿大研究所：《美国军事战略》

［苏联］奥加尔科夫主编：《军事百科词典》

［美国］陆军军事学院编：《军事战略》

［法国］费尔当：《空间战争》

［苏联］加列耶夫：《伏龙芝的军事思想与苏联现代军事理论》

［日本］伊藤宪一：《国家与战略》

［英国］希尔：《中等国家的海上战略》

［苏联］丘什科维奇主编：《战争与当代现实》

［苏联］帕诺夫主编：《战争艺术史》

［美国］布热津斯基：《竞赛方案》

［德国］施密特：《西方的战略》

［日本］塚本胜一：《现代谍报战争》

［日本］吉原恒雄：《国家安全保障的政治经济学》

［苏联］洛博夫：《战争史上的军事谋略》

［日本］西原正：《战略研究的视角》

［日本］岛贯基久：《现代国家战略》

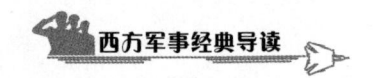

附件三 《世界军事宝典：军事理论卷（上）》所列书目

《世界军事宝典：军事理论卷（上）》，关光生、张凤伦主编，新华出版社，2001年出版

  与东方军事思想如出一辙——古罗马弗龙蒂努斯《谋略》
  无数代欧洲军人的读本——古罗马韦格蒂乌斯《兵法简述》
  简明扼要的军事论著——俄国苏沃洛夫《制胜的科学》
  西方军事理论之经典——德国克劳塞维茨《战争论》
  拿破仑战争经验的理论升华——瑞士若米尼《战争艺术概论》
  "改变世界的书"——美国马汉《海权对历史的影响》
  空中战争论的开山之作——意大利杜黑《制空权》
  论述总参谋部应有的职能——苏联沙波什尼科夫《军队大脑》
  西方军事后勤学的先声——美国索普《理论后勤学——战争准备的科学》
  西方地缘政治学的奠基作——英国麦金德《历史的地理枢纽》
  机械化战争的"圣经"——英国富勒《装甲战》
  "全民族进行战争"的理论——德国鲁登道夫《总体战》
  开核战略理论之先河——美国布罗迪《绝对武器》
  "最完美的战略"构想——英国利德尔·哈特《战略论》
  "号声响亮的新军号"——美国泰勒《不定的号角》
  火箭核战略思想的全面阐述——苏联索科洛夫斯基主编《军事战略》
  一部战略理论创新的力作——美国柯林斯《大战略》
  "星球大战"的理论依据——美国格雷厄姆《高边疆——新的国家战略》

附件四 《20世纪以来中外军事著作要览》所列外国部分书目

《20世纪以来中外军事著作要览》,李德义、李大伦主编,军事科学出版社,2005年出版

《作战原则》［法国］F.福煦

《海军战略》［美国］A.T.马汉

《海上战略的若干原则》/［英国］J.S.科贝特

《理论后勤学：战争准备的科学》/［美国］G.C.索普

《制空权》/［意大利］朱里奥·杜黑

《空中国防论》/美国 W.米切尔

《装甲战》［英国］J.F.C.富勒

《德国国防军》［德国］H.V.泽克特

《合同战术》/［苏联］施米尔乐夫

《总体战》/［德国］E.鲁登道夫

《空军》/［日本］大场弥平

《空战论》/［德国］罗登

《空军论空战论》/［德国］鲍特尔清、芬洛丁

《战争中之奇袭》/［德国］瓦尔德马尔·埃尔富特

《机械战：机械对战争艺术影响的调查》/［英国］J.F.C.富勒

《空权制胜》/［美国］A.塞维尔斯基

《海军战略指南》/［美国］B.布罗迪

《战争研究》/［美国］Q.赖特

《世界最终战争论》/［日本］石原莞尔

《绝对武器：原子力量与世界秩序》/［美国］B.布罗迪

《战争样式的革命》/［英国］利德尔·哈特

《空权：生存的关键》/［美国］A.塞维尔斯基

《苏联军事学说》/［美国］R. 加特霍夫

《战略：间接路线》/［英国］利德尔·哈特

《西方战略》/［英国］J. C. 斯莱塞

《美国军事学说》/［美国］德·欧·史密斯

《国家的战争潜力》/［美国］K. 克诺尔

《德国海军学说》/［苏联］B. A. 阿拉夫佐夫

《坦克——前进！》/［德国］H. 古德里安

《论资产阶级军事科学》/［苏联］M. A. 米尔施泰因、A. K. 斯洛博坚科

《有限战争：美国战略面临的挑战》/［美国］R. E. 奥斯古德

《战略与经济》/［苏联］A. 拉哥夫斯基

《核武器与对外政策》/［美国］亨利·基辛格

《战略投降：胜利和失败的政治》/［美国］保罗·克奇克梅提

《原子战略的破产》/［法国］F. Q. 米克谢

《人、国家与战争：一种理论分析》/［美国］K. N. 华尔兹

《常识与核战争》/［英国］B. 罗素

《导弹时代的战略》/［美国］B. 布罗迪

《国防后勤学》/［美国］H. E. 艾克尔斯

《军事技术的发展及其对美国战略和外交政策的影响》/［美国］约翰·霍普金斯大学华盛顿外交政策研究所

《军事上的辩证法问题》/［苏联］N. A. 格鲁季宁

《论苏联军事科学》/［苏联］斯米尔诺夫等

《音调不定的号角》/［美国］M. D. 泰勒

《冲突的战略》/［美国］托马斯·谢林

《论热核战争》/［美国］赫尔曼·康恩

《游击战》/［古巴］切·格瓦拉

《核时代国防经济学》/［美国］查尔斯·J. 希奇、罗兰·N. 麦基因

《选择的必要：美国外交政策的前景》/［美国］亨利·基辛格

战争指导》/［英国］J. F. C. 富勒

《通向和平的艰苦道路：一种新的幸存战略》/［美国］阿米泰·埃齐奥尼

《设想一下不可设想的事》/［美国］赫尔曼·康恩

《军事战略》/［苏联］索科洛夫斯基

《论防止战争》/［英国］约翰·斯特拉彻

《有限战略战争》/［美国］K. 克诺尔、桑顿·里德

《统帅纲领·统帅参考》/［日本］日军总参谋部、日本陆军大学

《广岛的遗产》/［美国］爱德华·特勒

《麦克纳马拉战略》/［美国］威廉·W. 考夫曼

《相互依赖的战略：控制美苏冲突的方案》/［美国］文森特·罗克

《站在十字路口的苏联战略》/［美国］托马斯·沃尔夫

《有限战争和美国防务政策》/［美国］西摩尔·德切曼

《军事概念与哲学》/［美国］H.E. 艾克尔斯

《伏龙芝选集》/［苏联］伏龙芝

《论逐步升级：比喻和假设情景》/［美国］赫尔曼·康恩

《战略入门》/［法国］安德烈·博福尔

《军备及其影响》/［美国］托马斯·谢林

《军事地理学概论》/［美国］佩尔蒂尔、珀西

《军事心理学》/［苏联］M. N. 季亚琴科、H. X. 费坚科

《决定性战争：军事理论研究》/［美国］瑞吉纳德·布雷特诺

《作战理论入门》/［日本］日本陆上自卫队干部学校修亲会

《均势战略：德国的和平政策和超级大国》/［联邦德国］赫尔穆特·施密特

《明天的战略》/［美国］H. W. 鲍德温

《第三次世界大战》/［日本］小山内宏

《苏联对军事哲学的研究：辩证法与现代军事》/［苏联］格鲁季宁

《苏联的海洋战略：苏联海上扩张的研究》/［英国］戴维·费尔霍尔

《未来国防论》/［日本］原田稔久

《现代局部战争论》/［日本］服部实

《列宁的哲学遗产与现代战争问题》/［苏联］米洛维多夫杰

《时代与坦克》/［苏联］罗特米斯特罗夫

《绥靖战略》/［英国］基思·米德尔马斯

《明天的战略：现代战争的军事问题》/［法国］安德烈·博福尔

《战争年代与和平时期的海军》/［苏联］谢·格·戈尔什科夫

《现代战略论》/［日本］小山内宏

《科学技术进步与军事上的革命》/［苏联］И.А.洛莫夫等

《大战略》/［美国］约翰·柯林斯

《心理战：战争与意识形态斗争》/［苏联］И.А.谢列兹涅夫等

《军事的科学预见》/［苏联］科诺普谬夫

《政治与军事地理学》/［苏联］斯皮琴科

《战争初期》/［苏联］伊万诺夫

《中苏战争》/［日本］小山内宏

《苏维埃国家的武装力量》/［苏联］格列奇科

《美国能打赢下次战争吗？》/［美国］德鲁·米德尔顿

《剑与笔》/［英国］巴塞尔·利德尔·哈特、阿德里安·利德尔·哈特

《对空防御的发展》/［苏联］Г.В.齐明

《国家的海上威力》/［苏联］戈尔什科夫

《美苏核战略与日本防卫》/［日本］小山内宏

《海军思想的发展》/［联邦德国］罗辛斯基

《军队指挥的自动化》/［苏联］阿努列耶夫等

《军队管理：军事职业剖析》/［英国］约翰·唐尼等

《苏联武装力量》/［苏联］苏联国防部军事历史研究所

《战争的哲学》/［日本］本乡健

《自卫队战争计划》/［日本］藤井治夫

《都市游击战的研究》/［日本］日本战略问题研究所

《八十年代战略威慑》/［美国］罗杰·斯皮德

《苏联核战争战略》/［美国］道格拉斯、霍伯

《全民防御经济学》/［南斯拉夫］尼·丘布拉

《从兵要地志看中苏战争》/［日本］杉田一次

《坦克和坦克兵》/［苏联］A. X. 巴巴扎尼扬

《苏联帝国主义的世界战略：八十年代的国际形势与日本的对策》/［日本］三好修

《日本国防的经济学》/［日本］石井洋

《战略基础理论》/［日本］菊池宏

《真正的战争》/［美国］理查德·尼克松

《防卫学概论》/［日本］服部实

《电子对抗》/［苏联］A.И. 帕利

《军事心理学和教育学原则》/［苏联］A. B. 巴拉班希科夫、H. Ф. 费坚科

《苏联军事思想》/［美国］德里克·利贝尔特

《核战略的演变》/［英国］劳伦斯·弗里德曼

《世界政治中的战争与变革》/［美国］罗伯特·吉尔平

《战略欺骗》/［美国］唐纳德·丹尼尔、凯瑟林·赫伯格

《军事实力与经济基础》/［苏联］阿·伊·波札罗夫

《新军事技术的影响》/［英国］J. 阿尔伏德

《马克思列宁主义哲学和军事理论与实践的方法论》/［苏联］H. д. 塔布诺夫、B. A. 鲍卡列夫

《军事技术进步与苏联武装力量》/［苏联］M.M. 基里扬

《军队大脑》/［苏联］Б. M. 沙波什尼科夫

《高边疆——新的国家战略》/［美国］丹尼尔·奥·格雷厄姆

《如果发动战争：后冷战时期现代战争综观》/［美国］邓尼根

《战争的起源》/［英国］迈克尔·霍华德

《各国防务政策之比较研究》/［美国］道格拉斯·默里、保罗·维奥蒂

《对和平的威胁来自何方》/［苏联］苏联国防部

《世界各国国防制度》/［日本］大平善梧、田上穰治

《把握战争：军事历史与作战理论》/［美国］特雷弗·N.迪普伊

《苏联闪击战》/［英国］P.H.维戈尔

《军事战略》/［美国］陆军军事学院

《美国军事战略》/［苏联］苏联科学院美国加拿大研究所

《诸兵种合成军队演习》/［苏联］M.A.加列耶夫

《武装冲突法》/［法国］夏尔·卢梭

《国防经济学》/［美国］盖文·肯尼迪

《新高地：太空世纪战争的战略及武器》/［美国］T.卡拉斯

《战争地理学》/［美国］帕特里克·奥沙利文等

《军事法学》/［苏联］А.Г.戈尔内

《核时代新思想》/［苏联］阿·葛罗米柯、弗·洛梅科

《战术》/［苏联］В.Г.列兹尼琴科

《论军事经济效益》/［罗马尼亚］贝拉·亚尼

《空间战争：武器与新技术》/［法国］马尔索·费尔当

《星球大战及其射束武器》/［美国］美国核聚能基金会

《日本的电子防卫战略》/［日本］桧山雅春

《军事领导艺术》/［美国］美国西点军校行为科学与领导学系

《伏龙芝的军事思想与苏联现代军事理论》/［苏联］M.A.加列耶夫

《大洋深处的秘密战争》/［美国］T.S.伯恩斯

《海军战略》/［美国］美国国防大学

《西方大战略》/［联邦德国］赫尔穆特·施密特

《国家与战略》/［日本］伊藤宪一

《印度国家安全展望》/［印度］Р.И.卡特帕利亚

《竞赛方案：进行美苏竞争的地缘战略纲领》/〔美国〕兹比格涅夫·布热津斯基

《论核战略》/〔美国〕罗伯特·S.麦克纳马拉

《战争与当代现实》/〔苏联〕丘什克维奇

《地雷战》/〔英国〕斯隆

《未来空中力量》/〔英国〕内维尔·布朗

《电子战导论》/〔美国〕D.柯蒂斯·施莱赫

《现代谍报战争》/〔日本〕冢本胜一

《军事社会学：美国军事制度与军事生活之研究》/〔美国〕查尔斯·H.科茨、罗兰·J.佩里格林

《美国未来二十年的对外战略》/〔美国〕哈罗德·布朗

《打胜仗的艺术》/〔美国〕J.E.姆拉泽克

《军事学术的演变〔阶段、趋势与原则〕》/〔苏联〕X.X.盖沃龙斯基

《战争中的创造性思维》/〔印度〕纳萨雷特

《战略：战争与和平的逻辑》/〔美国〕爱德华·鲁特瓦克

《协同战略学：后勤与战略的联系》/〔美国〕肯尼斯·N.布朗

《战争总论》/〔英国〕基特森

《国防地理学》/〔英国〕迈克尔·贝特曼、雷蒙特·赖利

《防止第三次世界大战：现实大战略》/〔美国〕戴维·M.阿布希尔

《战争史上的军事谋略》/〔苏联〕洛博夫

《和平的潜在威胁：美苏军事力量透析》/〔日本〕藤井治夫

《国家的命运：19世纪和20世纪对国家安全的追求》/〔美国〕迈克尔·曼德尔鲍姆

《美国核战略》/〔美国〕麦乔治·邦迪

《军事教育心理学》/〔苏联〕М.И.季亚钦科

《自动化战场》/〔英国〕弗兰克·巴纳比

《国家安全战略的制定》/〔美国〕丹尼斯·德鲁、唐纳德·斯诺

《国家安全保障的政治经济学》/［日本］吉原恒雄

《现代国家战略》/［日本］岛贯基久

《未来的武器》/［英国］布赖恩·贝克特

《军事指挥信息系统》/［联邦德国］哈拉尔德·武斯特、路易·费迪南德·欣堡

《作战评估与战争预测》/［美国］杜普依

《核时代的战争与和平》/［美国］约翰·纽豪斯

《2010年的低强度冲突：下世纪的特种作战与非常规战争》/［美国］帕斯卡尔

《突破：建立新思维》/［苏联］阿纳托里·葛罗米柯、［美国］马丁·赫尔曼

《日本的"星球大战"战略》/［日本］杉山彻宗

《空中战役：作战计划的制定》/［美国］约翰·A.沃登

《克劳塞维茨与战争升级》/［美国］钦巴拉

《意外升级：常规战争与核危险》/［美国］波森

《下一次美日战争》/［美国］乔治·弗里德曼、梅雷迪思·勒巴德

《海上战略与核时代》/［英国］杰弗里·蒂尔

《高技术战争》/［美国］理查兹·弗莱德曼等

《和平与战争的研究》/［日本］奥宫正武

《后军事社会》/［美国］马丁·肖

《开放时代的战略突袭》/［美国］特文宁

《共同安全与非攻性防御》/［丹麦］莫勒

《冷战以后》/［日本］中曾根康弘等

《未来社会的武力与外交》/［美国］钦巴拉

《新时期防务：海湾战争的教训》/［美国］阿斯平、迪金森

《世界新秩序中的美国核战略》/［美国］钦巴拉

《机动术：机动战理论与空地一体战》/［美国］赖因哈特

《战争世纪：1914年以来的政治、冲突与社会》/［美国］科尔科

《后冷战世界中的海军》/［美国］格雷

《战争与反战争》/［美国］阿尔文·托夫勒、海迪·托夫勒

《当代安全与战略》/［澳大利亚］克雷格·A.斯奈德等

《变化中的战争》/［加拿大］阿兰·D.英格利施等

《决战信息时代》/［美国］约翰·阿奎拉、戴维·伦菲尔德等

《假如明天战争来临：论未来20~25年武装斗争性质的变化》/［俄罗斯］默·艾·加列耶夫

《21世纪战争》/［俄罗斯］B.C.特列季亚科夫

《军事冲突学》/［俄罗斯］B.M.巴伦金

《国家安全新论》/［俄罗斯］A.X.沙瓦耶夫

《西方传媒与战争》/［英国］苏珊·L.卡拉瑟斯

《21世纪的战争》/［法国］穆罗汉

《第六代战争》/［俄罗斯］斯里普琴科

《震慑论》/［美国］哈伦·厄尔曼、詹姆士·韦德等

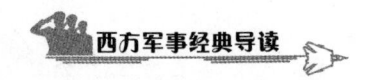

附件五 《军事文化名著导读》所列军事理论外国部分书目

《军事文化名著导读》，胡中豫主编，军事谊文出版社，2006年出版

《战争论》——西方军事理论的奠基之作

《战争艺术概论》——战争艺术理论的代表作

《海权对历史的影响，1660—1783》——海军理论的奠基之作

《制空权》——空中作战理论的奠基之作

《军事战略》——苏联火箭核战略的代表作

附件六 《军事理论普及读本》所列书目

《军事理论普及读本》，中国人民解放军空军司令部，2009 年出版

微言大义的军事著作——苏沃洛夫的《制胜的科学》

近代西方军事理论经典——克劳塞维茨的《战争论》

战争：残酷的艺术——若米尼的《战争艺术概论》战争

无产阶级军事科学的奠基之作——恩格斯的《暴力论》

"谁控制了海洋，谁就控制了世界"——马汉的《海权对历史的影响，1660—1783》

开创空军新时代——杜黑的《制空权》

战争需要全员参与——鲁登道夫的《总体战》

系统论述总参谋部职能的专著——沙波什尼科夫的《军队大脑》

机械化战争的"圣经"——富勒的《装甲战》

解决战争问题的"钥匙"——哈特的《战略论》

"绝对武器"催生的"绝对"理论——布罗迪的《绝对武器》

一部曾经震惊世界的书——索科洛夫斯基的《军事战略》

美国战略问题专著——柯林斯的《大战略》

夺取战争胜利的制高点——格雷厄姆的《高边疆——新的国家战略》

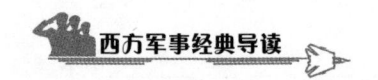

附件七 《兵书精要：军事实践的理性升华》所列书目

《兵书精要：军事实践的理性升华》，唐复全、谢适汀主编，蓝天出版社，2011年出版

- 《谋略》
- 《将略》
- 《制胜的科学》
- 《战争论》
- 《马克思恩格斯军事文集》
- 《海军战略》
- 《历史的地理枢纽》
- 《制空权》
- 《装甲战》
- 《军队大脑》
- 《建立职业军队》
- 《斯大林军事文集》
- 《战略入门》
- 《回忆与思考》
- 《战争指导》
- 《核武器与对外政策》
- 《现代战略论》
- 《国家的海上威力》
- 《未来的战争》
- 《论军事》
- 《战争艺术》
- 《拿破仑文选》
- 《战争艺术概论》
- 《海权论》
- 《作战原则》
- 《总体战》
- 《空中国防论》
- 《列宁军事文集》
- 《坦克——前进！》
- 《战略论》
- 《音调不定的号角》
- 《军事战略》
- 《战争初期》
- 《有限战争》
- 《游击战》
- 《大战略》
- 《高边疆——新的国家战略》

附件八 《军事名著知道点儿》所列书目

《军事名著知道点儿》，李方江编，安徽师范大学出版社，2011年出版
《论军事艺术》——西方近代军事科学的先导
《制胜的科学》——18世纪俄国军事思想的典范
《拿破仑文选》——拿破仑军事思想的精华
《战争论》——资产阶级军事理论的经典之作
《战争艺术概论》——19世纪最伟大的军事教科书
《海权对历史的影响（1660—1783）》——海军史上具有划时代意义的著作
《作战原则》——指导法军作战的军事著作
《理论后勤学——战争准备的科学》——后勤成为专门研究对象的标志
《制空权》——最早的制空权理论著作
《装甲战》——装甲理论的代表之作
《战略论》——西方军事家行动的指南
《绝对武器》——最早的核武器军事专著
《军事战略》——20世纪60年代苏联军事战略的权威著作
《战略入门》——西方著名的战略理论著作
《未来战争》——当今军事未来学的代表之作

附件九　西方军事经典著作各版本数不完全统计表

排序	经典著作名称	作者	评价	时期	重合数
1	《海权对历史的影响（1660—1783年）》	马汉	"海权论"的奠基之作	近代发展	8
2	《制空权》	杜黑	专门论述空军战略理论的著作	近代发展	8
3	《战争论》	克劳塞维茨	资产阶级军事理论的奠基之作	近代形成	7
4	《战争艺术概论》	若米尼	19世纪最伟大的军事教科书	近代形成	7
5	《制胜的科学》	苏沃洛夫	18世纪使俄军强大的战术训练细则	近代形成	6
6	《总体战》	鲁登道夫	纳粹德国侵略扩张的理论基础	近代发展	6
7	《战略论》	哈特	"间接路线"战略理论的奠基之作	近代发展	6
8	《装甲战》	富勒	机械化战争的"圣经"	近代发展	6
9	《大战略》	柯林斯	对美国军事战略产生深远影响的著作	现代	6
10	《绝对武器》	布罗迪	最早的核武器军事专著	现代	5
11	《高边疆——新的国家战略》	格雷厄姆	美国太空战略的理论基础	现代	5
12	《音调不定的号角》	泰勒	"灵活反应战略"的奠基之作	现代	5
13	《作战原则》	福煦	指导法军作战的军事著作	近代发展	4
14	《理论后勤学——战争准备的科学》	索普	西方最早研究军队后勤理论的专著	现代	4
15	《兵法简述》	韦格蒂乌斯	古代西方杰出的军事理论著作	古代	4
16	《谋略》	弗龙蒂努斯	运用战例阐发军事思想的典范	古代	3
17	《高卢战记》	恺撒	古罗马战争实践的总结	古代	2
18	《战略》	莫里斯一世	东罗马战术理论的巅峰之作	古代	2
19	《内战记》	恺撒	古罗马战争实践的总结	古代	1